李勇◎著

情绪引爆点

Emotional Tipping Point

南方出版社
·海口·

图书在版编目（CIP）数据

情绪引爆点 / 李勇著 . -- 海口 : 南方出版社，

2024. 10. -- ISBN 978-7-5501-9183-9

Ⅰ . F713.365.2

中国国家版本馆 CIP 数据核字第 2024QL7763 号

情绪引爆点
Qingxu Yinbao Dian

李勇　著

责任编辑：姜朝阳

出版发行：南方出版社

社　　址：海南省海口市和平大道 70 号

邮政编码：570208

电　　话：（0898）66160822

传　　真：（0898）66160830

印　　刷：三河市九洲财鑫印刷有限公司

开　　本：880mm×1230mm　1/32

印　　张：7

字　　数：145 千字

版　　次：2024 年 10 月第 1 版

印　　次：2024 年 10 月第 1 次印刷

定　　价：56.00 元

自序——做内容行业的"灵魂工程师"

眼下的图书市场充斥着很多关于做内容、做营销等方面的书。实话实说,无论本书最终呈现了多么精彩的内容,也许都不是不可或缺的一本。但是,我还是希望能在这本书里对"怎么做内容?"这个问题做出解答,为当下有兴趣做内容、做营销的人提供一些帮助。

这个具体问题的答案,由三个小点组成。

第一点,做内容要考虑"上下左右"。"上下"指社会阶层,"左右"指立场观点,考虑"上下左右"就是要深挖内容背后的逻辑,而且要挖得具体。

我们总是说,很多事情都有动因。因为A所以取得B这个结果,A就会被称为动因。

在内容行业里,动因有很多种,寻找动因的过程自然变得非常复杂,往往会被认为不可捉摸。创作者心里充满强烈的不确定感——故事写得很精彩,宣传推广做得不错,该努力的已经努力了,按道理应该可以取得不错的结果。但真正落地之后,结果如何谁又知道呢?

真正需要解决的问题是，在那么多动因里，到底有没有关键动因？诸多动因有没有相应的排序？比如拍一条短视频，服装、光线、景别、机位、录音、说话的语气都是动因，但这些动因都很重要吗，或者这些动因都不重要吗，或者哪个动因才最重要？

拍短视频的时候，大家往往都会研究光线，研究景别，它们是短视频爆火的关键动因吗？当然是！但是，为什么有些在很昏暗的环境中拍摄的短视频也能大火呢？有的时候，只是因为其中某一个动因，短视频就火了。

爆火的内容都是有一定规律的，而且是有明确的规律的。在多动因的情况下，在考虑"上下左右"的前提下，我们需要去深挖关键动因。也就是，找到什么因素对结果的影响相对最大，可能是一个，也可能是几个。找到关键动因之后，再进行详细的内容和营销策略分析。

第二点，找到方向，从虚到实，环环相扣，细化落实。

在不断深挖内容方向之后，很可能会"挖到"情绪、情感、态度、价值观等一些听起来比较虚的词。一般情况下，大家会觉得这些因素确实有影响，但是具体执行时就会发现，好像很难将它们和具体的落实动作结合起来。

比如，我们挖到了爱、友情、无尽的思念等词，它们听上去很美好，但在执行层面就很难落实了。一个关于爱、友情、无尽的思念的短视频，是剪两秒好还是剪三秒好？短视频平台讲求尽可能低的两秒跳出率，我们怎样做才能增强短视频的吸引力和放大影响力呢？

这些具体的问题才是我们真正要回答的。在从虚到实这个层面，要研究的是如何把一个又一个的细节真正落地。理论上我们可以出一套 SOP（Standard Operating Procedure，标准作业流程），无论是我做、你做、他做，都能做出来，而且结果几乎一致。只要能达到这个效果，就说明这套 SOP 是有效的。

第三点，把内容有机地结合起来，还需要用逻辑架一个桥梁，把虚和实打通。

形象一点儿来说，当你把在"左岸"深挖到的理念等比较虚的东西，变得越来越具体，越来越具象化，就有机会把一个个"桥墩"建起来，并以"桥墩"为基础进行更多的建设，从而一步步把"桥"建起来，最后"左岸"和"右岸"就能打通。

我们的工作方法非常强调：越深的东西，越虚的东西，越需要用实际的方法把它理清楚。

比如，爱这个词听起来很虚，怎么变实呢？可以先试着分类，按身份分，有亲人的爱、朋友的爱、同学的爱，等等。分完类以后，根据你想表达的内容确定一个具体的类别。比如，一旦确定要表达同学之间的爱，拍摄的场景就已经缩小在一定的范围里了，表达的故事也只能在这个范围内。

我在整个职业生涯中，做了大量有关内容创意、品牌营销以及运营管理的工作。这些都是"桥梁"工作，在理念与现实之间，在目标和结果之间，不断"架桥"。我想在本书里把这个"架桥"的工作方法，日常的一些工作经验和教训，以及观察到的一些案例及其背后的逻辑，都分享给大家。

　　一家之言，接受反驳。

前言——我们为什么要做内容

一提到做内容，有人很兴奋，也有人会退避三舍，认为自己没有能力做或是觉得内容太难做。

以前，受限于各种条件，我们很少有机会真正能表达，特别是能在大众面前表达，所以做内容的门槛相对比较高，做内容的人也比较少。但是，现在不一样了。技术跨越式发展，ChatGPT、Sora等 AI 工具出现，渠道越来越多元化，做内容的门槛越来越低，这为每一个人进行内容表达创造了条件。

每个人都能表达的时代到了

每个人都有自己的想法，每个人也都想表达。

人是社会性动物，需要在人群中凸显自己的价值，这是人和其他生物重要的区别之一。在他人面前表达，与别人传情达意，是人的基本需求，是刚需。但是，确实有的人擅长表达，有的人不擅长，不擅长的人就可以多学习，多练习。

每个人的想法不一样，你可以表达你的想法，他也可以说说他的思考。我想告诉所有人，每个人都能表达的时代到了，每个人都可以做内容了，每个人都可以做好的内容了。这对每个人的自我完善和自我成长，将提供巨大的帮助。

这些年来，我一直在与内容和营销有关的行业里工作，发现从事这个行业的人群主要有两大类。

第一大类人群喜欢表达。喜欢表达是什么意思？就是抛开表达的具体内容不谈，他们就是单纯喜欢表达，单纯喜欢说话。

在生活中，你身边有没有这样的人？他遇到一个人就能聊半天，遇到一件事儿也能说半天，"你知道吗？楼下超市水果打折了""我们家刚搬过来的邻居还挺和气的"，等等。

他们很享受表达的过程，通过表达获得与对方进行或赞美，或质疑，或你来我往的讨论的机会。他们通过表达获取外界的反馈，并从反馈中获取力量。他们就像在心里装了一块蓄电池，需要不断通过外界的反馈来"充电"，生命能量才能保持充足，才会更有激情。

当然，需要注意的是，喜欢表达的人如果不愿深入学习，很容易停留在技巧层面。比如，有些演员在舞台上贡献了惊为天人的表演，举手投足之间都传达了情感。但是等表演结束后你与对方聊天，就会觉得，还是在台下坐着看他们演出更好一些。

第二大类人群喜欢思考加表达，也就是输出真正的内容。

这就要先弄懂一个问题：什么是内容？

有人说，电影是内容，电视剧是内容，综艺节目是内容，文案是内容。这些的确都是内容，但都是狭义的内容。内容不等同于专业内容。这种专业内容，需要创作人员具备专业的能力，拥有专业的设备和专业的渠道。

而广义的内容会以各种形态呈现，不需要专业能力、专业设备和专业渠道。以促进人与人之间交流、传情达意为目的的形态（文字或其他形态，还在不断演进），都可以称作内容。比如说，一段广告语是内容，一个店铺的牌匾是内容，一段故事是内容，一个眼神、一个动作、一个思考，也都是内容。一旦表达有了思考，有了思想，内容就变得有深度、有深意，也就更有传播价值了。

比如一首诗使用了很多优美的辞藻，但少有人愿意看，这只能说明，作者的文字水平很高。相反，如果使用很浅显的语言创作出让人回味悠长的诗句，如"黑夜给了我黑色的眼睛，我却用它寻找光明"，那诗句就会很值得回味，会被广泛传播。

作为一个想要在理性和感性中间"建桥"的人，我会跟"左岸"的人谈谈，再跟"右岸"的人聊聊。我希望，每一个喜欢表达的人都能知道，表达可以更深一层，深刻的思想可以通过浅显的内容来表达，思想可以具象，理念可以落地、可以执行。

你如果有很多想法，就要学会表达，特别要学会在当下用年轻人喜欢的方式更好地表达。我们会发现，虽然当下需要做好内容，但是好内容不一定是很多人都喜欢的，就像对你有帮助的话，你也不一定都爱听。

这也是我们如今做内容真正的难题所在，我们既要做出对他人有帮助的好内容，同时又要让更多的人喜欢这些内容。

这里就引出了另外一个小话题——"引领和迎合"，通俗来说，就是"叫好与叫座"。两者之间有没有中间环节？两者能不能在一个内容作品上同时发生？古往今来，无数个案例已经证明，叫好的作品也可以叫座，叫座的作品也可以叫好。当然，也有大量作品叫好不叫座，或者叫座不叫好。

就做内容来说，我们肯定想追求两者兼顾的状态。浅层次的原因是商业内容不叫座就无法变现，无法盈利，这是一个很现实的问题。更深层次的原因是要思考做内容到底为了什么。像前边提到的，内容除了表达以外还有思考，如果你认为你的思考是有价值的，那么就应该告诉更多的人，这样一来，你的思考才能在社会上、在历史中发挥更大的价值。

从这个维度讲，你要躬身入局，要身先士卒，要了解不同历史阶段的表达方式、表达渠道、表达路径，争取让更多的人喜欢你的表达，从而让你的想法能在更大范围内传播。

说到这里，我想到一个现在营销界、品牌界经常争论的问题——品效能不能协同、合一？

我听到一些声音说，品效协同基本不可能实现。从品牌层面讲，做品牌就要投钱，要效果就得不断投流。想要马上变现，还怎么做品牌呢？从效果层面讲，做投流的人会认为已经带货变现了，这不就是品牌吗？

那么，能不能既提升品牌价值，又带货变现呢？在通往"罗马"的那么多条道路中，也许有一条或者几条道路，在某些方面真的可以做到品效协同。

针对上面这个问题，这本书中不仅有理论，而且有实践；不仅有实践，而且有结果；不仅有一般的结果，而且有投资回报率高的结果。对此，也许你不相信，也许有不同的观点，我们都可以讨论。在此之前，请你先看一看，大概听一听我们的做法。

做内容就是表达你自己

在日常生活中，我们要去发现自己的特质，比如喜欢表达，或喜欢思考，或喜欢思考加表达，等等。但是，发现之后就结束了吗？当然不是！发现自己的特质，有一个很重要的目标，就是更好地做自己。怎么才能做自己呢？做内容。只有做内容，才能够真正体现你是谁。

举个例子，一个从事教育行业的人，做自己就是好好做老师；另一个从事医疗行业的人，做自己就是好好做医生。二者的技巧和能力不同，这就是他们两个的本质区别吗？根据前文的讨论，我们很容易得出结论：这只是行业上的区别，而不是本质的区别。

那人和人之间本质的区别是什么？是思想的不同。思想由情感、态度、价值观等构成，而其具体表现形式就是内容。简单理解，内容体现出的是一个人的情感、态度、价值观等思想。可以说，**内容是内心的外化表达，做内容不只是在做内容，更重要的是在表达自己的思想。**

做内容，也是让你在这个孤独的世界里不再孤独的一个方法。为什么这样说呢？做内容最重要的不是建立了一个账号，多挣了点儿钱，有了几个粉丝，其本质意义是跟其他生命真正地交流，这是人的刚需。

人和人之间，在没有内容载体的情况下，是没有办法进行沟通交流的。

人真正的开心、幸福，在于有另一个人懂他。如果只是自己懂自己，难免会感到孤独。所以，你要通过做内容去做自己，让自己不孤独，甚至超越时空跟更多的人进行真正的交流和沟通，这才是生命的价值。

从这个意义上来说，我们鼓励每一个人做内容，我们鼓励每一个人做真正的自己，我们鼓励每一朵花热情绽放。

做内容要遵循的几点原则

我们这一生，有很多事情不能选择，比如说出生的家庭、父母。但是，**做内容是可以选择的，而且可以随时随地选择。**比如说，做内容的时候，上午发了一条视频，下午觉得不太好，改主意了，就发了另一条，接着发了第二条、第三条；或者，发完了以后马上删除；都是可以的。

有人会说，这不是表里不一，来回横跳吗？这样做会导致人设崩塌的。

这样的疑惑不无道理，但在内容可以选择这件事情上其实有一个大前提，就是表达真实的自己。这也是古往今来，做内容的第一条规则。

比如，你昨天是这样想的，并告诉了大家，而今天发现昨天的想法是错的，再告诉大家为什么是错的，这就是真实的。如果你明明已经不认同昨天的观点，还一直不承认，这就是不真实的。做不到表里如一，才会人设崩塌。这恰恰也是我们反对的做法。

从市场角度来讲，我们也要表达真实的自己。为什么呢？如今，真正做好内容的人太少了，能做好内容的人，才符合市场"物以稀为贵"的原则。你为什么不贵呢？因为不稀缺。你为什么不稀缺呢？因为你没有讲真实的自己。按理说，每个人都是独一无二的，每个人的想法都是不一样的，我们本身就具有稀缺性。可是，很多人没有表达真实的自己，而是在做人云亦云的工作。

很多人做内容的时候，一心想的是赚钱。我可以很明确地说，好的内容可以赚钱，好的内容应该赚钱，好的内容能赚大钱。

当你真的做自己了，赚钱就只是手段和结果，而不是目的。做内容不只是为了赚钱，更不是为了赚快钱，而是要用复利赚钱，这是做内容的第二个规则。

什么叫复利？"棋盘摆大米"是一个很好的故事。相传，古印度有位外来的大臣跟国王下棋，国王输了就要满足他的要求：在棋盘上放米粒。第 1 格放 1 粒，第 2 格放 2 粒，然后是 4 粒、8 粒、16 粒……直到放至第 64 格。国王哈哈大笑，认为他很傻。但事实上，整个印度的大米都运过来，也无法满足大臣的这个要求。

对于每个人来说，最初的那一粒米相当重要。在此，我想问这本书的读者，你找到你的第一粒米了吗？如果你已经找到第一粒米，并且每一天、每一周、每一月、每一年都在用这粒米产生复利，赚钱就是水到渠成。

而且，在这个过程中，你还会找到和你志同道合的人。如果你是三角形，就要坚持做三角形，真实表达三角形，人群中喜欢三角形的人自然会靠近你。

做内容，不能只考虑技巧、技术、技法，而忽略人和内容的本质。人在做内容，内容是做给人看的，所以只有回到人的本质，回到内容的本质去做内容，才能做出好内容。

目 录

引言——洞察大众情绪，轻松引爆内容

在宏观层面，我们已经深入探讨了做内容的一些底层逻辑。下面，我们再从"中观"层面，聊一聊内容爆火的原因、情绪与内容的关系、用情绪引爆内容的机制以及注意事项。

内容为什么可以爆火

什么叫火？只有一个人知道的内容，能叫火吗？显然不能。

我身边是你，你身边是他，他身边还有亲人、朋友、同事、同学，一层层向外延展开去，知道的人越来越多。这样的知名度才能被称为火。

比如，你是三角形，你的目标受众也是三角形，你通过不断发三角形的内容，会吸引一批忠粉。他们是跟你的价值观、态度、情绪能够产生共鸣的人。这个过程相当于是在"固圈"。

紧接着，因为那些忠粉相信、认可你的内容，所以他们会主动帮你宣传，这就影响到了他们周围的人，又带过来一批粉丝。这个过程，就是我们经常说的一个词，叫"破圈"。

　　简单来说，内容能火，主要是先吸引跟你相近的人，形成了第一个小圈，然后第一圈的人再吸引第二圈的人，不断扩展。

　　当然，火也有不同的空间维度。身边的人知道了，是小火；全县的人都知道了，是中火；全省的人都知道了，是大火；全中国的人都知道了，那就是爆火。

　　如果明白自己想火到什么程度，你要做的动作就清楚了，路径也清晰了，要影响什么样的受众、空间往哪儿发展，也就一目了然了。

　　更进一步，什么程度算爆火？时间往往很短，"砰"的一下就爆了。专业一点儿的说法，爆火的标准是在空间维度的基础上，加上了时间维度。当下，对内容的要求是尽快引爆，以年计、以月计、以周计、以天计，有的甚至是以秒计。

　　想一下，为什么内容能在短时间内被引爆？我们可以从日常场景去引申思考：每天跟你说话的人很多，为什么有些人说的有些话，会让你在很短的时间内有反应？

　　要考虑的维度有很多。比如，身份不同，你的家人跟你说话时，你的反应速度肯定要比其他人跟你说话时快一点儿；或者紧急程度不同，面对紧急且重要的事情时，你的反应速度肯定比你面对重要但不紧急的事情时更快。

　　除了这些外在因素，还有内在因素。你之所以对一些话有快速反应，是因为这些话调动了你的情绪。注意，是"调动"了你的情绪。也就是说，这个情绪在对方没说话之前就已经出现了，只是没有爆发出来；在对方说了某句话之后，你的情绪被调动出来了，就爆发了。

有过情感经历的人都知道，有的时候，你的恋人在某种场景下说了一句话，可能会让你一下子火冒三丈。其实不是因为那句话惹了你，而是那句话背后隐含的情绪，跟你心里一直存在的某种东西产生了联结，让你立刻有所反应。

有的人会简单直接地说，既然人会受情绪影响，那说话的时候带着情绪不就行了？这个问题，我们在前文已经做过分析，关键不在于带着多少情绪，而在于对方心里有没有对应点。如果有，两者之间就产生了联结；如果没有，那就是一个人的"自嗨"。

比如说，你喜欢旗袍，天天都穿，看到我穿着旗袍，你也会非常开心；如果你不喜欢旗袍，你看到我穿，就不会有太大的反应。

其实我一直都穿着旗袍，给你的观感是一样的，但你的两种情绪反应是完全不一样的。所以，引爆情绪的根本原因不在我，而在你。

说白了，你内心有的东西，我说了之后，才能被引爆。我说的和你原来想的越接近，就越容易爆，越接近，爆的时间就越快。

现在，利用情绪做营销的案例已经很常见，只是大多数人都没有继续深挖。其实，情绪的背后是情感，情感的背后是态度，态度的背后是价值观，价值观之下就进入文化基因的层面了。

　　举个例子，一款水果茶饮料准备制订一份品牌策划，围绕"人与自然的关系"这个话题，有两个选项。

　　一个是人定胜天。就像《跨越阿尔卑斯山圣伯纳隘道的拿破仑》这幅画给人的感觉一样。画面中拿破仑骑着白马，手向上指着他要跨越的阿尔卑斯山，马的前蹄已经高高扬起——整体上，给人一种"山高我为峰"的感觉，人能够战胜自然，能把山踩在脚下，自己才是山的最高点。

　　这个思路能不能引爆人们的情绪？可以。《跨越阿尔卑斯山圣伯纳隘道的拿破仑》这幅画是有情绪的："兄弟们一起上，翻过阿尔卑斯山，就到意大利了，我们就可以举杯共庆了！"那一瞬间，鲜衣怒马，士兵簇拥着拿破仑，翻越了阿尔卑斯山。这种情绪的背后，隐含了一种价值观。

　　另一个是天人合一。在中国画里，山往往很高大，但画家会在山腰上画一个小亭子，亭子里有一个人在弹琴。这传达了什么意思？人只是自然的一部分，甚至很渺小的一部分，和"山高我为峰"是完全不同的两种方向。

　　这个方向，也有很多情绪点，偏向于在风中、在雨中、在山谷中，全情投入，欣赏大自然，拥抱大自然。这种情绪背后，隐含的是另一种价值观。

　　要想做好内容，就要找到目标受众心中已有的情绪点，且要明确情绪背后的情感、态度、价值观到底是什么，而不是只看情绪点，随意变换价值观方向。

如果品牌营销者只看情绪点，上一条内容是兄弟们簇拥着翻过了阿尔卑斯山，下一条内容是在山腰上远远地投入大自然的短视频——表面上是把每个情绪都抓住了，当下都能带货变现，但从长远角度来说，这种方式一定无法持久。

比如说，你赞成"山高我为峰"，看到第一条视频，你觉得和自己内心的价值观相符，于是买了产品；看到第二条视频时，你情绪上头，又觉得拥抱大自然好像也行，又下单购买。可是，冷静下来之后，你会发现不对，怎么能待在山腰呢？难道不应该爬到山顶吗？

长此以往，品牌很容易一起一落，短期、中期、长期的战略方向不一致，无法形成系统化。

为什么情绪能引爆内容

关于情绪引爆内容，我们要先明确一点，内容的价值在于传情达意。

达意，很好理解，就是表达意思。在内容层面，就是告诉对方自己是干什么的，有什么功能和作用，等等。比如，"我们医院有CT机""我们医院提供体检服务"，对应的都是医院的功能。

除此之外，还要传情，从情绪开始，表达态度、情感、价值观等。比如，"我们医院一直关心你""你的健康我们都在关注"，这就是在传情。

　　我们做内容，要在功能这一层之外快走半步，意识到还有情绪、情感等。只要在实践中做一些这方面的工作，我们的内容就会比大多数人的内容做得好。

　　每个产品都有功能性价值。但这个价值能不能拉出巨大的利润差距，才是关键问题。

　　花钱做营销，是一种省时省力的做法。在以下三个场景中，实际是不需要营销动作的。

　　第一个场景是以远低于价值的价格进行售卖。比如，一套当下市场价为 300 万元的房子，你准备 100 万元就甩卖出去，这就不需要营销。

　　第二个场景是刚需。刚需分两种，第一种是找到现有刚需，比如一群人在沙漠里，十分缺水，而你恰好有水；第二种是制造刚需，用户并不知道自己有什么刚需，高级销售人员通过聊天就能为他制造刚需。

　　第三个场景是营销人员梦寐以求的一个场景。比如，我要卖一块金子，假如市场价是 5 万元，我现在加价到 10 万元，你猜我能卖给谁？

　　想象一下，我打电话说："妈，我有急事儿，您给我转 10 万块钱，我有一块金子，价值 5 万元，您先拿着，行吗？"

　　你觉得，我妈的第一反应是什么？她会想：我儿子从来不跟我要钱，这是遇到什么难事了？她不仅马上就会给我转账，还会反过来追问我是否够用。

我妈为什么愿意主动付钱？客观来说，因为我们是亲子关系。更深一点挖掘，因为我们之间有爱，有信任。

这里，可以简单总结个公式：只要销售者和消费者之间拥有爱和信任等情感关系，理论上就能卖出任何东西。你跟对方有100%的信任，就能卖出100%的东西；你跟对方有50%的信任，就能卖出50%的东西。如果卖不出去东西，说明你跟对方的信任可能是零。

话说回来，这三种场景其实是有关系的。刚需对应的是功能，信任对应的是情感，情感和功能结合在一起决定了价值，价值的外化是价格。

比如，大家要喝咖啡，对应的刚需是什么？提神。在咖啡里，什么成分能起到这种作用呢？咖啡因。将它外化，就是咖啡豆，比如哥伦比亚咖啡豆、越南咖啡豆、云南咖啡豆。你可以在不同咖啡豆的功能上进行相应的宣传，也能提高价值。

假如一开始没有人卖哥伦比亚咖啡豆，你是第一个，率先卖哥伦比亚咖啡豆制作的新产品，就可以进行一点点溢价。

问题是，在一个行业里，大部分的渠道信息是公开透明的。你在哪儿买的哥伦比亚咖啡豆，多少钱买的，进货渠道是什么，其他人很快就会知道。等到大家都进入这个领域时，红利期就慢慢过去了。

　　为了减少竞争，你开始更换成其他咖啡豆，越南咖啡豆、非洲咖啡豆、云南咖啡豆等。每换一次，你都得重新设计文案，重新打广告。当你获得一定的结果时，其他人又会跟过来。

　　归根结底，功能层面的竞争，会引发两个问题，一个叫同质化，一个叫复利少。同质化的或没有复利的生意会带来利润率低的后果。利润少了，能用于继续投资的钱就少了。这就导致利润空间越来越小，就像是一个大圆不断向内变小，这就叫内卷。

　　总结来说，产品之所以内卷，是因为展开了功能竞争。这是竞争模式问题，和努不努力关系不大。对于这种情况，我给大家的建议是，在功能的另一侧一定要加上情绪、情感等价值，这可以不断完善和丰富大家的产品和服务。

　　比如，某品牌咖啡可以在营销传播中加上"爱"这种情感。爱主要有两种，一种是爱自己，一种是爱别人。刚开始的时候，一定要找一个很明确的细分领域，给自己的品牌做定位，千万不能说"都选""都爱"，这相当于没定位。如果品牌的定位是爱自己，接下来就要思考，哪些情况下需要爱自己，顺着问题往下挖，内容和营销方向自然而然就呈现了。

　　第一种，生理上的爱自己。比如，上班时要爱自己，你可以列出上班需要爱自己的场景——疲惫的时候，乏味的时候，艰难的时候，等等。

　　如果你选择了疲惫的时候，还能不能再细分成不同的场景？上午或下午犯困，这是时间维度；还有加班、开会，这是不同角色的维度。

如果我们想加上情感因素，拍一条上午犯困的短视频，该怎么拍呢？很多人说要开选题会，开创意策划会，每个人想 10 条方案，那都是寄希望于灵光乍现。我们要总结出可以复用的方法，拍出很多条视频。

我们想一想，打工人上午为什么犯困？因为前一天晚上没睡好，熬夜加班写方案了。那么，在短视频的第一句话或者字幕上一定要突出这个信息。老板深夜 12 点给我发微信，让我写一个方案，说早上 8 点交，我写到 7 点，洗漱后就来了公司，站在办公室门口的时候非常困。这个时候，给他来一杯咖啡，情绪和功能都点到了，懂的人自然感同身受。

第二种，是心理上的爱自己。爱自己的心理状态有几种？开心、委屈、愤怒、难过等。

开心的人，在工作场景里端着一杯咖啡，开始一天的工作，这是一条短视频；工作中受到委屈的人早上买了一杯咖啡，平复下心情，然后走进办公室，又是一条短视频。同一杯咖啡，卖给不同心情的人，这就叫情感的差异化。

不同的人，生活态度是不一样的，对自己的要求也是不一样的，我们在短视频文案里要突出这些核心点。

比方说，同样是半夜 12 点接到老板让写方案的消息，天性乐观、想找各种机会逆袭的人自然会接受，并努力去完成，早上笑着交给老板。觉得在职场受到委屈的人，一方面，被动地开始干活儿；另一方面，又困又累，但早上还是苦笑着交给老板。如果你的短视频能讲出这个内涵，不同心态的受众就会觉得很有共鸣，以后就可能会成为你的粉丝。

生理和心理维度结合在一起，就构成了第三种爱自己的方式，叫情境。情境的落地表现就是大家常说的场景。

情境，情和境是结合的，这是品牌营销的高级应用，做得好，就能促进品与效完美结合。

做内容的时候，如果能做到情与境结合，不仅可以显著提升利润，还能促进品牌长期健康发展。因此，我呼吁，大家应该奔着利润去，而不是奔着收入去；同时也更应该奔着情感与功能的结合去，而不是只奔着功能去。

如何用情绪引爆内容

我们继续深入思考一下，为什么情绪、情感、态度、价值观会引爆内容？有一个很重要的机制叫"心理投射"，本书中讲到的几个引爆点，都可以利用这个机制。

什么叫心理投射？通俗地说，就是我没有某种东西，但是我想要，正好某个人身上有，于是我把自己代入到他的身上。

我们以逆袭为例进行说明。那些说要逆袭、"我命由我不由天"

的人，可能只停留在普通的工薪阶层。现实中，他们真的有能力做到阶层跃迁吗？显然是有很多困难的。逆袭的口号，很多时候是给自己打的"鸡血"。

"鸡血"是什么意思？就是激励。自己心里要是有力量，就不需要外界激励了。正是因为没有外界的助力，所以才自己激励自己。我本来没有力量，这个产品隐含或表达的态度给了我激励，给我带来了希望，也就是说，通过购买这个产品，我能够给自己带来希望，那么这个产品本质上就是一种可以投射的希望感。

像希望这种务虚的东西，该如何定价呢？这就进入了高毛利讨论区。

假设，用哥伦比亚咖啡豆制成的咖啡成本是3000元一桶，平均到每一杯是3元，如果只是售卖功能，卖到9块钱已经算很贵了。因为功能都是可以衡量的，很难产生溢价。

如果能在这杯咖啡里加入希望等情感因素，就能让咖啡的价格翻上几倍。但问题是，希望是在讲未来，它还没有发生，也无法证明一定会发生，而付款的时间节点是现在，未来和现在之间，会有时间差和不确定性。这个时候，就必须再帮助用户产生心理上的共鸣，让其感觉这就是在说自己，可以共情，这才能促成下单，并且产生高溢价。

如果他委屈，你就要投射委屈；如果他自信，你就得投射自信。在具体操作上，该如何做到呢？利用目标消费者调研方法，参考标准理论、标准做法。

调研目标受众，就是你要先定下来找谁，然后去洞察、做分析；分析完以后，把关键词罗列出来形成词云，在词云里找规律，形成一整套有规律的文本；再根据这个有规律的文本，去设定相应的内容结构，这是环环相扣的。

以前，在没有社交媒体的时候，常用的分析方法有两个。一个是定量分析，分析数据，主要是消费行为数据、舆情数据这两类。现在，我们在社交媒体平台上看竞品、转发量、点赞量、评论数、热搜榜，也是在做定量分析。

另一个是定性分析，常用的方法叫小组访谈。一个小房间里有10个人或20个人，专业一点儿的会把墙改成双面玻璃——一侧的被访谈者看到的是镜子，另一侧的观察者坐在另一个小房间看到的是玻璃，能看到访谈的整个过程。咨询师在问的时候，我们坐在玻璃后面观察，做笔记，看即时反应。

最后把抽样调查的数据和小组访谈的结果结合在一起，得出一个报告。

举个例子，你想在楼下开一家牛肉面店，定量分析就是看跟牛肉面相关的数据，定性分析就是找几个和牛肉面有关的消费者聊聊天。

现在不一样了，因为社交媒体的出现，大家每天都在发布各种各样的内容，数据量太大，只靠人分析根本完成不了，这才引发了数据处理的问题，出现了人工智能快速处理数据，使得 social listening（社交聆听）获得了更直接、更便捷、更高效的方法。

我们会通过各种方式帮助企业完成有结论性的消费者洞察和需求分析，再根据这些结论讨论策略和规划，最后推论出要做的具体动作。

当然，消费者的需求很多，我们应该在消费者需求和提供服务的成本之间寻求平衡。因此，我们要把需求拆得细一点儿，足够细以后再进行排序，从中发现哪些跟真正的需求挂钩，哪些跟明确的需求挂钩，哪些还能跟潜在的需求挂钩。所以，我们要监测消费者在功能和情感等方面的期待值，调研他们的哪些期待我们满足得很好，哪些期待我们满足得一般，哪些期待我们满足得不好，再有针对性地调动财务资源、人力资源。

用情绪引爆内容的注意事项

我们在用情绪引爆内容的时候还要注意两点：一是不要过度，二是不建议反向操作，因为这些都会带来负面影响。

什么叫过度？就是你明知道有些内容不能做，却还是做了。目前，有些做内容的企业已经开始出现过度的苗头了，这一点值得我们警惕。比如，颜值更高的人会更受欢迎一些，在一定程度上更容易引爆人们的情绪。但是一些品牌过度放大了女性的身材，引发了物化女性的争议。

　　什么叫反向操作？简单理解，受众有痛点，你想引爆他的情绪，就专门说那个痛点，不是顺着抚慰情绪，而是反向继续刺激。比如，在你失恋的前提下，我想调动你的情绪，我明明知道你失恋了不开心，仍然故意在你的伤口上撒盐，你必然就会爆发。

　　大多数情况下，我们不支持反向操作，但是在少部分情况下，可以在技巧层面做反转。

　　比如，泰国广告很擅长这一点。举个例子，一辆公交车正在山间小路上行驶着，一个小孩儿突然大哭，边上的妈妈直接打了他，一车人侧目。这时，司机停下车向大家解释，妈妈是好心，因为孩子生病了会一直哭，妈妈是怕影响同车的人。然后，大家很同情地说，孩子生病了还是去医院吧，车就往医院去了。到了医院以后，医生发现孩子病情很严重，需要马上住院。妈妈说没有钱。这时，内容会来一个反转，"妈妈"说自己不是他的亲妈。所有人都产生了疑问，这个人到底是谁？是坏人吗？气氛开始紧张起来。这时候，"妈妈"说，这是我邻居家的孩子，他的爸爸妈妈去世得早，他一直和奶奶相依为命，我看他们可怜，一直在帮助他们。原来，"妈妈"是一个默默付出的好心人。

　　总而言之，要研究情绪来引爆内容，这很好。只是，不能过度，不能为了引爆而引爆。

内容营销引爆点一

逆袭——

我命由我
不由天！

千万网红，"逆袭"出道

"逆袭"曾经是网络流行词，为什么成了当下内容创意和品牌营销中非常重要的关键因素呢？很多影视娱乐内容在讲逆袭故事，大量品牌也在讲与逆袭有关的话题。显然，逆袭已经成了内容营销引爆点的一个重要因素。

在解释原因之前，我们先来看看逆袭在内容创意和品牌营销应用中的底层逻辑，以及逆袭如何吸引社会人群的共识和共情，促进内容获得好评，帮助品牌提升影响力。

人们为什么偏爱逆袭

在社会学研究中，有一个著名的社会分层、社会流动的相关理论体系。社会分层分析是以"生活机会"的分配和获得为核心内容的社会研究传统。简单地说，就是以一定标准分析和研究不同团体及其成员在社会体系中的地位、层次、结构、秩序，以及社会成员之间的垂直、水平或代际等流动形式。

在图 1-1 中，所有社会成员大致分为三个层次。你觉得哪一个层次的人最想逆袭？是上边的？中间的？还是下边的？

图 1-1　社会分层

大家应该很快能想到，逆袭的方向应该是由下而上的。最想逆袭的人应该是图中最下边的一层，对应到现实生活中就是普通大众；另一类想逆袭的人是中间层；最不想逆袭的人就是金字塔顶端的人，因为他们足够强，已经占据相当一部分社会资源了。

接着，下一个问题就来了，为什么普通大众在观看内容和消费时想看逆袭？要想找到答案，我们首先要知道，人们观看内容和进行消费，除了需要满足休闲和物品功能需求，还需要找到对标模仿和心理投射的对象。

社会各分层之间的适度流动是有助于社会良性发展的，毕竟流动，才有动力。对大多数普通人来说，有社会流动的可能，有向上的机会，就能获得更多社会资源，争取更美好的生活，这是人生的希望与目标。与此同时，我们也要清楚地知道，每一个人的心愿与情绪、情感、态度、价值观有很大关系，而我们要理清楚情绪、情感、态度和价值观之间的关系，才能理解普通人为什么要看逆袭，以及如何在内容创意和品牌营销中更好地满足消费者这一强烈的心理诉求。

我们认为，情绪、情感、态度、价值观，这几个要素之间有明确的逻辑关系。创意内容和品牌营销带着的情绪是最表象、最容易被人感知到的外壳，里边一层是情感，再里边一层是态度，最里边一层是价值观。反过来说，价值观决定态度，态度决定情感，情感决定情绪，而情绪带着功能，可以综合满足消费者诉求。

不同阶层的人，情绪、情感、态度、价值观会有所不同，有时甚至截然相反。内容创意和品牌营销不是通过制造社会焦虑与放大阶层对立去获得财务收益，而是要在不同阶层之间消除误解、改变曲解、促进了解、增进理解。这样的内容才能获得更大范围人群的喜爱，营销也能获得更加丰厚、更加持久的回报，品牌更能因此积累短期、中期、长期的品牌资产。

中产阶层以及中产阶层以上的人群，大多数情况下并不太倾向逆袭，但在名利现实和人生意义之间，心里又会有点儿纠结。他们有时想让自己变得更加有能力、有地位、有名气、有金钱，有时又想维持现状的相对稳定，一会儿想逆袭，一会儿想维持平稳，态度不是很坚定。社交媒体反映出来的舆情和消费者需求有时候也会左右摇摆，充满变化和矛盾。

而普通大众，也就是金字塔底层的人，往往不大纠结。甘于平庸的人总是少数，大多数人都积极向上，追求美好生活。他们的人生起点不高，只有努力奋斗，才能改变境遇，通过不断往上，才能向更好的圈层迈进，让自己的梦想得以实现。

受这种心理影响，很多人非常喜欢看逆袭主题的各种影视娱乐作品和短视频内容。我们觉得自己处在社会底层，把自己投射到正在真实逆袭，哪怕是讲逆袭故事的那个人身上，"他"就是我，我希望自己也能像那个"他"一样，在现实生活中实现从低到高的向上、向好的转变。

逆袭，情绪价值缺不得

小杨哥的经历就是一个标准的逆袭故事，他能够在夯实普通人人设之后，提供充足的情绪价值。

小杨哥最初靠一条搞怪的视频在网络上走红，吃到了短视频快速增长期的红利。之后，他以"绝望的周末"为主题，拍摄了一系列家庭情景喜剧，一家齐上阵，全家人都成了视频中的主角。

短短三年，"疯狂小杨哥"这个账号的粉丝量就冲到了抖音平台个人排行榜第一名。

之后，他走上了直播带货这条路，以真诚直白也有些怪诞甚至黑色幽默的方式吸引了越来越多的受众，直播间变成了一个充满情绪价值的秀场。之后，小杨哥还推出了一款叫"众小二"的应用程序，允许一些账号使用他的直播片段进行带货，双方分享佣金。

分析小杨哥的逆袭之路，需要从整体来看。他先通过拍一些搞笑的、有趣的短视频夯实了开心快乐、笑对生活的普通人人设，再通过讲述各种工作方面的故事，形成一个标准的普通人逆袭的真实故事。

他在自己逆袭的同时，还慢慢开始帮助别人逆袭。他的故事仿佛在说，逆袭这条路是能成功的，连我这么普通的人都能成功，你也可以。这就让更多的人看到了希望。

逆袭，可以很有冲击力，很有奋斗感，也可以很欢乐开心。多年前，我们做过一个比较成功的综艺节目《笑傲江湖》，当时定的节目口号是：生活百般滋味，人生需要笑对。我们邀请很多各行各业的普通大众来做嘉宾，参加节目，讲述在生活中遇到的事情以及自己的态度。后来，有的嘉宾通过这个节目实现了逆袭，登上了春晚的舞台。

很多下沉市场做的账号之所以难变现，主要就是因为没有展现逆袭过程，没有讲好逆袭故事，这样就无法立住逆袭人设。如果你只是讲一些受众不了解的故事，最多只是传递了一些信息和茶余饭后的谈资，并没有什么社会意义。也就是说，传递故事的过程，只是完成了信息传递功能，没有更多可以溢价的情绪价值。

这里还得说一个相关的要点。很多团队在做内容创意和内容营销时经常陷入一个误区，即因为无法分清文化产品的功能价值和情绪价值，他们会认为内容里面蕴含的全都是情绪价值。

事实并非如此，文化产品里相当一部分还是功能价值。比如，告诉你发生了什么，到哪里去买这个商品，多少钱，怎么用等，这些都是传递信息，提供的主要是功能价值，并不是情绪价值。

对于搞笑账号来说，搞笑是功能；对于讲八卦的账号来说，八卦也是功能。在这些功能之外，能提供什么样的情绪价值，才是做到逆袭故事和商业变现的核心。

逆袭是一条具有长期价值的路

我想说的是，逆袭是一条具有长期价值的路。小杨哥的逆袭不是孤立存在的，而是社会情绪的需求，是这种大众需求的外化表现。之前，就有大鹏通过拍《屌丝男士》慢慢逆袭成了电影导演，我们做过的《笑傲江湖》也帮助很多人完成了逆袭。我坚信，未来相当长的一段时间还会不断涌现出逆袭传奇人物。

为什么我会有这种坚信？因为一代人有一代人的情怀，一代人有一代人的投射对象，这种社会情绪一直在，是大众的心理刚需，只是不断地换人来投射。

当下，投射对象是小杨哥的人，基本在什么年龄段？是95后、00后。马上，05后要走上历史舞台，10后也在准备发声，他们相对应的投射对象也一定会出现，会有新一代的"小杨哥"，会有新一代的"《笑傲江湖》嘉宾"。因为，需求长期都在，只是换了名字，换了不同的人、不同的故事以及不同的表现形态。

那么，做内容创意和内容营销的人要怎么办？在消费群体发生变化的时候，做内容和营销要尽量做到"新瓶装旧酒"，才会有持续的增长和复利。"新瓶"是新人物、新故事；"旧酒"是某种长期心理需求。如果每次都"酿新酒"，虽然也可以卖钱，但是利润率低。"旧酒"的例子是什么？逆袭就是一款经典的"旧酒"，要长期研究，要充分用好。

在以逆袭做内容和营销的过程中，我也有几点要提醒大家。

首先，逆袭人设要符合当下情况，"旧酒"在保持基本口味的同时，要根据社会心理变化做相应的微调。比如说，当下的小杨哥、大鹏，继续走逆袭的道路已经走不通了，因为他们已经逆袭成功了，身份和所处的阶段已经不适合再保持逆袭人设了。也就是说，当一个人处于低谷的时候，可以走逆袭之路，但走到了一定的临界点以后，就不能再保持逆袭人设了，那时候受众和消费者已经不买账了。

其次，逆袭的营销对象主要是在下沉市场，千万不要动作错位，用错市场区间。大家可能都知道，流量主要分两种，一种是广泛的泛流量，另一种是细分的精准流量。你要清楚地分辨和决定自己要追求的是哪种流量，如果是细分的精准流量，定向很重要，要聚焦到你想要的那一类人群，然后针对这一类人，确保这一类的流量集中起来。

如果动作错位，甚至方向混乱，逆袭营销一定无法成功。什么是错位？就好比你想提高数学成绩，却天天做英语卷子。你的内容和产品要面向的是下沉市场，却又强调品位和格调，这样反着做动作，投入产出比就不会高。错位的动作是没有正向结果的。如果你的目标消费者是普通人，操盘手最好也要有做普通人的经验，如果都是中高阶层以上的人群，就很难获得定向流量。

还有一个重要的提醒：一定要真实地表达自己，千万不要抄袭别人的故事。在内容和营销领域，真实是最高超的技巧，是最大的力量来源。讲故事，要讲真故事；立人设，要立真人设；说态度，要说真态度。人们投射的是一个真实的人，一件真实发生的事，真实才能获得真正的情感价值。

如果网友发现你的故事和人设都是假的，那么你的内容不仅无法提供价值，还会伤害受众感情，进而降低你的品牌的公信力。受众一旦受伤，情绪会怎样？大多数人可能会由爱转恨，这就是互联网上经常发生各种"翻车"的原因。

有一个词，叫爱恨交织，很多人都是这样的心理状态。一般情况下，大众没有那么理性与客观，也无法掌握更全面的信息。大多数时候，大众的反应是情绪化的，这是人性，没有必要对这种现象进行道德评价，说大众不了解情况、非理性、没有逻辑。大众每天面对那么多的社交媒体信息，如何去深入了解呢？如何去逻辑缜密地分析呢？他们基本都是做出即时反应，受情绪主导。所以，逆袭人设一旦不真实，就可能走向反面，受众爱越多，恨就越多，这点一定要留意。

最后，也是最关键的一点，一定不要打造完美的逆袭人设。道理很简单，没有一个真实的人是完美的。要多方位、多角度、多层次展现人生，不能总是一个维度、一个视角。一般来说，无论是谁，完美的人设早晚有一天会崩塌。

在这里，我想对做 IP、做内容、做营销的人说，如果你想走逆袭的方向，就要坚定地面向下沉市场，同时不要打造完美人设。同时，你也可以思考一下，跟逆袭同方向的还有哪些词？它们都意味着什么？

思考与逆袭同方向的一系列不同的词，这只是一个语言学问题吗？并不是。它研究的不是哪个词更简洁，哪个词更唯美，那些能上热搜的词代表的其实是消费者不同的细分需求。

我们做内容、做营销时又有哪些好机会呢？我们每天都在基于数据和人工智能追踪、分析各种社交媒体热词，有工具、有方法、有结论，并且将其持续应用于我们的内容创意和品牌营销服务中。我们平时也可以留意各种热搜，把热搜中的词记下来，看看怎么将其和自己要做的内容结合起来，这是一个既简单又节省成本的做法。

影视节目如何凭借逆袭爆火

逆袭节目的本质是丑小鸭变白天鹅

在影视娱乐作品中，逆袭是一个很常见的主题，电影、电视剧、综艺节目都有涉及，比如《当幸福来敲门》《超级女声》《中国好声音》以及我们参与过的《中国梦之声》《令人心动的 offer（法律季）》等。

以逆袭为主题的电影、电视剧和综艺节目，本质上都是展现从丑小鸭变成白天鹅的过程，代表着在一种不被看好或不被认可的状态中努力奋斗，最终脱颖而出的经历。这也就是说，前期内容中，主人公是一只丑小鸭，他经过各种历练，成功蜕变，成为一只美丽的白天鹅，这样才会有人喜欢看。如果他开始就是一只白天鹅，上来就很美、很厉害，看到最后他还是那只美丽的白天鹅，那人们为什么还要看呢？

我们做内容的时候，刚开始要找到有潜质的丑小鸭，然后，按照丑小鸭的设定去打造他。在妆容、造型、穿着打扮、语言等受众能马上感受到的外化表现方面，都要符合丑小鸭的定位与形象。

比如，我们要制作一档逆袭类的综艺节目，在前期海选、路演的过程中，就不应该有绚丽的灯光，不可以化妆，不能穿特别洋气、昂贵的衣服，也不能有精致的发型，因为参赛选手还处于"丑小鸭"的阶段，这样做才符合节目要求。

我们除了要在外化的方面展现从丑小鸭到白天鹅的变化之外，也要从真人秀的角度，凸显人物内心的自我转变与成长。

就像童话故事里的丑小鸭一样，主人公要经历各种不顺利，经历嘲笑、磨难、痛苦、挑战之后，赢得认可，迎来成功。在这个过程中，所有的故事，都是外壳，主要目的是展现主人公如何自我成长、如何克服困难、如何坚持信念、如何与他人合作等重要的技能和态度。

参加节目的人，如果想要被大众代入，最好都是丑小鸭，搏的是看谁能变成白天鹅。当然具体是谁、如何蜕变，都是未知数，要看节目走向以及嘉宾的个人特质与表现。

制作逆袭节目的原则

除了要了解逆袭节目的本质，我们还要遵循哪些基本原则，才能把内容做好呢？

举个例子，想做出一件好看的衣服，第一步要干什么？得先选符合要求的面料。制作节目也是如此，标准的操作流程是从选角开始的。只有先选出好的丑小鸭，才能顺势而为，塑造出白天鹅。

比如，我们可以选择来自不同地方的人，有乡下的，有县城的，有在大城市打拼的，还有从海外回来的；或者选择不同性格类型的人，有可爱的，有懵懂的，有心思细腻的，还有外表强势、内心柔软的，等等。

有了合适的选手之后，第二步要干什么？进行编辑加工。

对应到节目制作中，就是聚焦、挖掘、放大选手身上关键的真实点，用专业的、艺术的表现手法来表达、裁剪、编辑出来，与大众很好地建立心理联结。

这里再次强调，最关键的就是一定要保持真实。为什么？因为真人秀也好，电视剧也好，目的都是提供真实人设，让观众产生真实的心理投射。讲到这里，也许有人会质疑，很多电影、电视剧不都是虚构的吗？怎么保持真实？

其实，各类内容创作对真实有着不同层面的理解，一类是事实真实，即这件事情是真的发生了；一类是情感真实，即这种类型的人对应的情感真的是这样；还有一类是态度和价值观真实，即这类人真的是这么想的。所以在创作中，场景可以虚构，甚至故事都可以虚构，但是人物的情感、态度、细节一定要真实。

与影视剧有所不同，综艺节目是讲真人真事的，因此事实真实是基础，否则被发现之后一定会"翻车"。另外，在真人、真事的基础上，人设和态度也需要保持真实，假情假意会让观众产生反感，出现反噬的结果。

比如，《超级女声》的选手张靓颖，她的真实名字就叫张靓颖，毕业于四川音乐学院，在成都赛区报名参加比赛；她会唱海豚音，走的是专业艺术人设；她对音乐一直充满热忱，一路走来从未改变过。正因为她一直保持这种真实态度，敢爱敢恨，所以才长久地受到特定粉丝的欢迎。

在电影和电视剧里，虽然事实不一定是真实的，人设和态度却一定是生活中真实存在的，因此能够让观众在身边找到对应的人与事。

逆袭节目要用"四共"去引爆

在制作《令人心动的 offer（法律季）》时，我们有两个方向可供选择。

一个方向是"普法"，主要是讲法律知识、法律工作流程，让大家了解法律工作者是怎么工作的、大家在生活中遇到问题的时候应该怎么请教律师、律师应该怎么帮大家之类的内容。另一个方向是"普情"，或者说普及态度、普及价值观，给大家在生活态度的考虑上提供一些建议和参考。

那么，这两个方向应该如何选择？

我们基于对中国受众情绪的长期跟踪、分析和洞察，发现逆袭以及与逆袭相关的词在舆论场上出现的频次很高，这说明逆袭是大众的共同期待和向往，所以我们选择了在普法的基础上主攻普情这个方向。

在初选阶段，丁辉作为面试者之一，表现并不是很出色，被面试官认为不适合做律师。有的人听到这种评判之后，可能会灰心，会失去动力；但丁辉没有，他不仅没有放弃，反而更加努力了，这种特质就非常符合逆袭主题的节目设定。

于是，我们先聚焦、提炼，再放大丁辉的个人特质。在探讨普法内容时，我们不去强调法律行业从业者最好是政法名校的硕士、博士，而是讲述非名校毕业的丁辉在法律行业矢志不移地努力、不断进取的故事。

　　我们是用法律行业的背景和律所中发生的具体故事，来凸显丁辉的不服输、奋斗、改变、做更好的自己等一系列情绪、情感，而不是用丁辉的故事去阐释法律界的具体专业话题。

　　既然方向定了，那具体工作路径是什么，怎样才能让大众产生心理共鸣呢？我们有一个很明确的"四共"工作法，即共识、共情、共鸣、共振，它们是有顺序且有内在逻辑的。

共识

　　共识是指传播者和受众对同一件事情持相同的看法。

　　你接受逆袭吗？在接受的前提下，我再放大情绪。如果你本身不接受逆袭，我放大情绪反而会弄巧成拙。

　　很多内容工作者过度关注情绪，认为情绪就是核心，就是要点。其实，情绪是短促的、多变的、靠不住的。同样，很多品牌在这方面也花了很多冤枉钱。

　　比如，现在流行多巴胺色系，有的影视作品在视觉上通篇是多巴胺色系，的确很好看，但内容传递的态度却没有得到观众的认可，票房和点击量都不高。有的品牌强行使用多巴胺色系以达到吸睛的目的，却不知道如果与情感或态度方向不一致，反而弄巧成拙。

　　比如说，有一部分细分用户明明很佛系，品牌却跟这部分用户说应该动起来，更努力进取，然后使用多巴胺色系，强化奋斗精神。即使用户本来是有点儿喜欢这个品牌的，但现在看起来它与自己的想法背道而驰，他们可能就不喜欢了，甚至开始讨厌了。这就相当于花钱买了消费者的厌恶，花钱降低了品牌价值。

受众的生活态度是多样的，有的人相信，人生需要奋斗，但有时候也可以躺平。如果品牌与这部分受众消费者达成了共识，就可以大大方方地讲各种形式、各种状态的躺平故事和态度。

躺平可以是工作上的，也可以是生活中的，有的人会短暂地躺平，让自己放松下来，重新再出发。与自己和解、出去玩、和朋友聚会、泡个澡，这些场景都能放大躺平背后的自我疗愈和再出发的动力。使用这些场景就更容易与这部分受众建立联结。

讲逆袭的时候也是一样，对认同逆袭态度的受众讲逆袭故事，用绚丽的多巴胺色系放大奋斗情绪，鼓励他们失败不气馁，成功后继续努力，身体虽然很累，但内心快乐。

比如，在《令人心动的 offer（法律季）》中，这个"人"指的是求职者，那么求职者主要是谁？想逆袭、想改变、想奋斗的人。这就和用户达成了共识。什么样的工作会让这些人心动？一个维度是体面，我们在这个维度上的设计是高级律所；另一个维度是高收入；还有一个维度，就是拥有成长机会与发展空间。这几样加起来，足以让人心动，于是我们便与受众就"什么是心动"达成了明确的共识。

共识是不太容易达成的，舆论场越来越纷繁复杂，各种态度、言论天天变化。但其中是有规律的，是有具体方法可以梳理的。当然，如果你有兴趣、有时间，可以多看看这方面的文章，多听听这方面的分析，寻找一些自己用着方便和舒服的方法。共识是一个理性讨论的范畴，是非标准要找对、找准，否则，后面的一系列共情、共鸣、共振，都不会发生。

共情

共情是指能体会、理解并感知到他人的情绪、感受等。

在现实生活中，想要逆袭的大众，对职位和工作一般有两种情感诉求：一种是只要能得到更高收入，心理上就满足了；另一种是希望能有一些体面感甚至自我实现的满足感。

为什么体面很重要？因为有些人出生在乡村或者小县城，这些地方的生活态度相对传统一些。一个年轻人出去闯荡，或者打工，或者求学，经常被提到的一个词是"出人头地"，这就既包括财富，也包括权力和社会地位等。

对于这些人而言，体面和自我实现也是刚需的一种。自我实现既能让自己产生满足感，也有其家庭价值，比如能给自己的家庭带来荣誉感。对应这一点，我们在节目中提供了一份高级律所的工作，让受众在看的时候能够代入并产生共情。

关于情绪研究的部分，社会学、心理学、传播学等学科都有很多不同的方法，现在也有很多跨学科的做法，不同的平台都会提供一些基础的工具，人家可以试用一下。

共鸣

共鸣是指有人先说了一句话，然后有其他人附和，表达支持和力挺，体现在社交媒体上就是转评赞，各种跟帖。就像我先敲了一面锣，这是发声；第二面锣跟着响了，这就叫共鸣。

《令人心动的offer（法律季）》播出时，全网很多人在讨论、转发丁辉的相关内容，讨论打工人的现状，发表各自的看法，这就是引发了共鸣。

这里要注意的是，做内容得学会预判当下的大众是什么心态。如果大众都想躺平了，你还在鼓吹推逆袭、加班、内卷，谁会愿意产生共鸣呢？可能只会催生很多反对的声音。

时代在不断变化，我们要时刻去了解消费者的情绪变化，才更容易使他们产生共鸣。找到核心消费者之后，才能尝试破圈，逐渐向外扩散。

催生共鸣是个技术活儿，要先测两个频率，只有频率一致，一个振动发声，另一个才会跟着发声。怎么测频率，设计什么样的情感频率，我们也有很多具体方法，后面可以继续讨论。

共振

共识、共情都是内心的，共鸣是已经开始有表达的行动，到了共振这个阶段，就意味着开始有更多的行动，比如追剧、下单消费。

在《令人心动的offer（法律季）》中，共振体现为受众一直追节目，到更新时间了就去看，看完以后会分享，还会购买周边产品。很多品牌也是这样，先进行一波种草，就是凝聚共识，放大共情，催生共鸣，然后结合具体产品和功能，在消费端推出具体服务，以购买为标志，消费者就完成了共振过程。

通过分析逆袭类影视娱乐节目可以发现，做内容其实是在做一面镜子，让受众从中看到自己，这样才能与他们建立真正的心理联结。那我们不妨思考一下，在做内容的时候，要通过什么样的共识、共情、共鸣、共振的具体路径，与受众或消费者建立真正的扎实的心理联结呢？

品牌靠"逆袭"出圈的秘密

除了内容生产者外，也有一些品牌在使用逆袭这个概念进行营销，比如小米、拼多多、快手等，都是在主攻细分或下沉市场时，借用逆袭概念加强营销效果，为更多的大众服务，获得巨大的影响力。

对品牌来说，下沉市场有巨大红利

品牌选择使用逆袭概念进行营销，背后的原因是什么？

其一，逆袭概念的营销容易与大众消费者达成共识，激发共情，催生共鸣，进而促进共振。

比如，小米手机上市的首款产品定价 1999 元，实际上是在主打性价比优势，但是"为发烧而生"这个营销概念为产品加入了情绪价值。受此影响，小米的第一批核心消费者其实是技术控，他们自称"米粉"，是懂手机的产品设计与技术的，并不是为了图便宜。

拼多多主打价格优势，但他们宣传的不是消费降级，而是帮助下沉市场的消费者消费升级。

市场上，也有不少手机强调自己性价比高，不少电商平台宣传自己价格更低，但是，如果没有让消费者感受到价值，没有和消费者在情绪和情感方面达成共识、激发共情、催生共鸣、促进共振，其价值就不能完全体现。

其二，下沉市场存在巨大红利，逆袭市场还有足够的空间。

比如说，快手是让大家一起玩，一起做 IP。大家相互印证，打造认知共同体、态度共同体、情绪共同体，然后催生价值观共同体，进而催生服务和产品共同体，最终形成一个特定人群的消费生态。

拼多多还有一个故事。我记得那是 2016 年，拼多多上线一年多，恰逢东方卫视在征集《极限挑战第三季》的冠名赞助商，当时在谈的还有天猫等不同平台。根据战略定位，东方卫视主打的是都市气质，照常理而言，与拼多多主打下沉市场的调性是不太契合的。

于是，我先在内部做了大量汇报与沟通。都市气质本身非常好，我们当然应该坚持战略方向。但是，主打都市气质并不是让市场一味固守北上广，那样，东方卫视就只能专注地做一个小而美的地方城市媒体。当下中国的市场情况是：核心城市市场已经见顶，下沉市场已经开始发力。小镇青年们拉动了流量，也开始促进销量。从趋势来看，市场正在逐步下沉，且未来几年的趋势都是如此。下沉市场大有空间，小镇青年是决胜关键。所以，我建议，东方卫视在坚持都市气质、内容格调的基础上，应在市场空间、服务对象上做一定程度的下沉；在上海化和国际化两个特点的基础上，补足全国化这个短板，用好全国资源，服务全国观众，欢迎全国客户，争取全国开花。最终，我们内部上下达成了共识，大家一致同意，东方卫视坚决不能只在北京、上海、广州、深圳这几个城市坚守，要下沉，但下沉到哪个层级也是一个需要考虑的问题。

东方卫视要坚定都市战略和文化品位，在全国更大范围内发挥上海的都市影响力，坚决落实"上海服务全国"战略。有了这个共识，东方卫视自身就要坚决调整和优化，合作的品牌也要做相应调整。

早年，很多国际品牌进入中国基本只在北上广设立中国总部，其他城市则不设办公室。他们的观念是：只要在上海、北京销售自己的产品，就基本覆盖了中国市场。现在，很多国际品牌也开始逐渐下沉，他们在中国各地，如武汉、成都、西安等省会城市，都设立了办公室，启动区域市场。

假如东方卫视跟他们寻求合作的时候，只辐射北京、上海等23个大城市，怎么能达成共识呢？怎么携手开拓广阔的中国市场呢？在这种情况下，东方卫视必须要走出上海，走出长三角，走出华东，走出几个大都市，坚决转型，坚定下沉。这就是我们当时考虑的宏观的市场拓展方向。

于是，在内容策略和品牌合作上，我们都做了大量的优化调整。"海纳百川，服务全国"，在东方卫视的屏幕上，逐渐出现了北京的德云社、开心麻花，辽宁的铁岭民间艺术团等。一时间，在不同的节目、纪录片和晚会上，出现了武汉、成都、沈阳、北京、西安等不同城市的文化内容。

就下沉趋势而言，对比天猫和拼多多这两个品牌，当时的天猫更强调消费升级，提升产品技术含量和价格。这是因为阿里巴巴企业的发展路线是"农村包围城市"，他们从相对下沉的淘宝开始起家，一点点向上做，然后重点发展天猫，希望占领更大的都市消费群体。但这和东方卫视当时想要下沉的方向不太契合。拼多多也提出了消费升级，却是从上海出发，服务于下沉市场，帮助更广大地区的消费者实现生活质量的升级。显然，当时拼多多的这个方向更符合我们的战略目标。基于这些原因，东方卫视做出了决定，选择和拼多多成为新一季合作伙伴。

有人说，后来的发展表明，拼多多的下沉战略与天猫的升级战略是这两家公司市值发生反转的最主要因素。阿里当年认为淘宝已经足够平民化，继续下沉已经没有什么市场，于是选择加强天猫，向上走。但是他们没想到的是，快手的出现、拼多多的崛起，无一不在告诉大家，下沉市场是多么巨大。当然，这是"事后诸葛亮"了。

我讲这个真实故事是想告诉大家，一个品牌要对整个市场的结构和趋势有一个清晰的、方向性的判断。中国市场正在继续沿着下沉方向和高性价比的路线走，下沉市场的逆袭仍然是一个巨大的流量池和增长市场，值得大家继续发力。

选择逆袭后一定要坚守住

除了拼多多、快手之外，中国市场上还有很多主打逆袭的品牌，如美特斯邦威、大宝等。刚开始的时候，这两个品牌都是主打下沉市场，塑造"丑小鸭"的形象，走逆袭这条路。但是，后来为什么做不下去了呢？

他们可能有了一个和阿里类似的判断，就是认为自己已经占领了下沉市场，不需要再做那么低端，现在可以变成"白天鹅"走中高端路线了，可以溢价了。但实际上，下沉市场远远没有被满足，他们释放出来的空间，迅速被新一代品牌占领。而那些试图升级的品牌，既没有了原有核心消费者的支持，又需要新的投入和时间参与新市场的竞争，被两侧夹击，变得有些困难。

很多品牌都被这种假象蒙蔽过。一旦销量快速提升，收入增加，操盘手就很容易自我陶醉，认为这一次成功了。但是他们忘了，"成也萧何，败也萧何"。

反观来看，小米在这一点上就做得很好，他们从始至终都很坚定地说："我就是丑小鸭。"

比如，雷军说自己是穷学生出身，是从没有创过业的创业者，自己没有独立办公室，跟大家在一起办公；做"北漂"，奋斗九年多才终于买了房；直到40多岁都还没有取得真正的成功；大家经常一起喝小米粥……他总是反复讲述这些具有底层逆袭味道的故事。

直到现在，小米依旧在坚持逆袭这个概念。写这本书之前，我还在朋友圈看到雷军在食堂里拍的短视频，讲自己和同事一起排队领小米汤圆的故事。

前段时间的小米汽车首场技术发布会也是如此。发布前夜，雷军通过个人微博发布消息，向中国新能源汽车先行者致敬。他说："我们深知汽车工业之复杂，我们深知开拓之不易，诚挚向比亚迪、蔚来、小鹏、理想、华为等先行者致敬。"而且，在北京、上海、深圳等地的地标建筑上，小米汽车也特意以灯光秀的形式向上述车企隆重致敬。

雷军始终把自己放在一个逆袭者的位置上，一遍一遍地强调：我不是白天鹅，我是丑小鸭。虽然我是丑小鸭，但是我心怀梦想，想成为白天鹅，并且一直在实现梦想的道路上努力着。潜台词就是：所有想从丑小鸭变白天鹅的中国大众们，请你们跟我站在一起，请你们跟我一起共情，我们一起变成白天鹅。

其实，对于品牌来说，重点不是怎么用好逆袭，而是在选择了下沉市场，走上逆袭这条路之后，如何才能保持初心，坚守这个定位。特别是态度、情绪、情感、价值观的定位，这是品牌的根基，是看家的本事，不能轻易改变。

最后，我想对选择下沉市场或者想开拓下沉市场的品牌营销人说：这个市场足够大，坚守战略是重中之重。

逆袭类流行语为什么会大火

很多人觉得，流行语就是一个概念、一个词，听起来也没有那么厉害，为什么会在营销中被广泛使用呢？表面来看，流行语确实只是简单的几个字，但简单表象的背后还有功能说明、市场区分、技术解释，以及复杂的情绪、情感、态度、价值观体系。

逆袭类流行语，大众的"嘴替"

在众多流行语当中，跟逆袭相关的流行语非常多，比如"逆风翻盘""占据 C 位""杀出一匹黑马""努力努力再努力""我命由我不由天"等。那么这些语言为什么会这么流行呢？

在前文，我们已经讲了社会分层理论，而逆袭类流行语体现出的正是金字塔底层普通大众的心理渴望，他们希望有一天能改变自己的命运，通过努力实现逆袭。

我们说过，话题的爆火是指短时间内从一个人到一群人再到更多人，所以，爆是时间维度，火是人传人的空间维度。一个话题能让大多数人产生共鸣，才是真的火。

也就是说，你得选择基数大的人群，跟他们站在一起，才容易大火。

比如，张艺兴的微博名称原来是"努力努力再努力 x"，他在接受访谈时也说，没有随随便便的成功，只有努力努力再努力。

张艺兴就是一个普通大众的代表，他的家庭是普通的，他上的学校是普通的，他的日常生活也和大家一样。他曾说，做练习生的时候，除了吃饭睡觉以外，其他时间都在学习和训练，每天至少有19个小时在特训，这样的生活至少持续了几年。在这期间，除了身体上有压力，他的精神也是备受煎熬。张艺兴坦言，自己当练习生的时候担心无法出道，正式出道后又烦恼着该如何让更多人接受他、喜欢他，而自己所能做的，就是不断地努力努力再努力。

逆袭类流行语背后有打工人的态度

流行语描述的是当下大众的心态，会过时，所以在内容创意、品牌营销中使用的时候要考虑其时效性。比如说，前几年流行的可能是"逆袭"，过一段时间就变成了"我命由我不由天"，再过一段时间开始出现社会性的抱怨情绪，就会出现"996""打工人"，等等。

考虑流行语的时效性是对的，但要明白流行语流行的原因与机制。比如说，"逆袭"本身就是一个流行语，它可能会过时，但"逆袭"这个词背后有情绪，情绪背后有情感，情感背后有态度，态度背后有价值观。"逆袭"这个词的背后是社会普通大众向往美好生活的期许，这种人生态度则可能是持续一生的。

也就是说，一个词很容易过时，但在同一种情绪、情感、态度、价值观的基础上，会不断出现新的流行语。即使有方向上的调整，也是有内在逻辑的，不是忽左忽右、不可捉摸的。

我在前文提到过，内容创意和品牌营销工作者可以分析一下，"逆袭"这一类流行语背后的情绪、情感、态度、价值观到底是什么？人们为什么要逆袭？不想逆袭的人是怎么想的？维持平稳的人是怎么想的？想躺平的人又是怎么想的？当你从这几个维度进行深度思考之后，就会更加深刻地理解逆袭背后的情绪、情感、态度、价值观，就能看到明确的趋势，预测大致区间。流行语只是一种文学表达，并不是不能把握的玄学事件。

假设我们现在要做一个新品牌的功能性饮料，目标是占据下沉市场，要用逆袭这个方向，该怎么办呢？肯定是要继续细分和差异化，缩小竞争空间，在一个独特的竞争区间里超越和领先。

比如红牛这个品牌，当年的广告语是"困了累了喝红牛"。我们与它竞争，如何发掘市场空间、实现弯道超车呢？"困了累了"说的是生理问题，而不是态度问题，因此我们可以从更细分的态度入手。

具体该怎么做呢？既然功能性饮料解决的是"困了累了"的问题，那谁"困了累了"最需要提神呢？千千万万的打工人。如果我们要做一款新的功能性饮料，就要主打高性价比，比红牛还便宜。接下来，我们要与目标消费者达成共识，激发共情，形成共鸣，催生共振。

我们想一下，打工人有什么样的情绪和生活态度？有哪些"困了累了要提神"的场景？比如，在考研的前一天晚上，妈妈语重心长地说："孩子快睡吧，这都快2点了，明天还考试呢。"然后，镜头转向考研复习材料。孩子对妈妈说："妈妈你放心，我还有最后10页，看完一定睡觉。"这时候，镜头给妈妈，妈妈脸上露出担心和心疼的表情，然后转身递上了一罐功能饮料，并说："你还是早点儿睡吧，孩子。"紧接着弹出字幕："努力的时刻有某某功能饮料。"

孩子虽然是困了累了，但不是因为打游戏困了累了，而是因为一直在努力学习。如果考研成功，孩子的命运将会改变，家庭的命运也会改变。这时候，这款饮料就不只是功能饮料了，而是千千万万奋斗者共同的信念。大家是认知共同体，大家是命运共同体，大家一起为信念买单。

还可以想象另一种场景。公司会议室的门紧闭着，里边叮咣乱响，传出"你们做的这是什么乱七八糟的文件"之类的话。突然门一开，一沓文件被扔了出来。然后，秘书哆哆嗦嗦地说："小张，该你们了。"镜头一转，小张捧着策划案看了一眼，对同组的同事小李说："哥，你再喝一口。"

注意，"再喝一口"是什么意思？小李在之前就已经喝过了，在跟老板汇报、跟客户汇报等心理压力巨大的情况下再喝一口，能起到提神的作用。紧接着弹出字幕："艰难时刻，某某饮料与你同在。你行，你可以！"

在这种场景下，困了累了不只有身体上的疲惫，也有精神上的疲惫。而这款功能饮料，不仅能给人生理上的动力，更能给人精神上的动力。

说白了，流行语的核心不在于语言文字的编撰，而在于对情绪、情感、态度、价值观的把握。当有了这些基础在了，有了与受众消费者的共鸣，这个词变流行语的概率就大了。

你也可以成为"逆袭"代言人

逆袭需要通过影视娱乐作品给受众做心理投射，需要通过产品给消费者做心理投射，同样也需要通过时代人物给普通大众做心理投射。董宇辉等人就是这个时代逆袭的代表人物。

时势选择了逆袭代言人

人们常说，时势造英雄。其实就是时代需要什么人，老百姓在某个时刻需要什么人，就一定会有这样的人出现。

英雄跟时势是互动的关系。但是，我们要明白，英雄造不了时势，英雄是被时代选择的，英雄只能造自己。

有一些观点认为，历史人物在关键时刻可以影响历史。这种情况当然是发生过的，但如果是想要逆势而动，那结果大概率不会成功。

所以，只有顺应历史趋势，顺应大众心声，才能成为百年品牌，才能有屹立不倒的人设。

当下的时代，人们仍然需要进步和奋斗，仍然需要逆袭精神的代言人。在这些时代候选人里，有一些具体变量会对大众的选择造成影响，比如这个人的长相、语言特点、个人特质、风格等，都会影响大众的判断。一个时代会有一个时代的精神代言人，这是必然的，但具体是哪一位或哪几位，可能有一定的偶然因素。

被时代和大众选中最简单也最高效的方法，就是看时代大势，比如逆袭就是时代长期大势之一。建议大家要看哪些理念相对更容易被所在时代认可，然后进行细分的结构化分析，做用户调研和市场调研。

比如，你是一名海外留学生，也想主打逆袭。父母好不容易攒够了钱送你出国留学，你每天很辛苦地学习，平均每天的餐费加交通费控制在 20 英镑以内，确实很拮据。

但是，这并不是大众眼中的逆袭。为什么？如果把这个故事讲给中国城乡的大众听：你去英国留学一天只能花 20 英镑（几乎相当于人民币 200 元），大众不可能共情。

到什么山，唱什么歌。如果你想成为逆袭这个方向的代言人，就要顺应大众的底层心理期待。想讲留学生的逆袭，这个留学生的生活水平一定要低于普通大众认知的正常生活水平，尤其是一开始，一定要低一些，这样大众才可能开始产生同情心、代入感。

大众的心理通常是：第一，你比我惨，我会同情你；第二，你的起点比我低，你都成功了，说明我成功的可能性会更大。

逆袭代言人是大众的心理投射

在前边的小节里，我们分析了小杨哥、雷军，这里我们要讲到董宇辉，他也是这个时代的逆袭代言人。

董宇辉实现了两次逆袭。第一次是他走出西安，来到北京，从一个普通的大学生成为新东方的一位名师；第二次是在行业重大调整后，新东方开始转型做直播带货，董宇辉从直播小白一步步积累成了现在的"顶流"。

为什么大家会认可他？因为他一步步实现了职场人的逆袭，而这也正是千千万万打工人的梦想。董宇辉在刚刚开始直播带货的时候，就像很多打工人刚刚进入职场或者经历调岗一样，在一个不熟悉的岗位上坚持着，大家看董宇辉仿佛在看自己。

在董宇辉出圈的那场直播里，为了卖一袋五常大米，他从人类起源讲到宇宙大爆炸，慢慢让大家发现这个直播间和别的直播间不一样。这个过程，就像在职场上籍籍无名的我们突然被伯乐赏识了一样，我们多么希望那个人就是自己啊，就把自己代入了进去。

这里再说一个共情失败的案例，就是曾经在网上引发热议的某网红主持"翻车"事件。

这件事情发生之后，行业相关人士或他的粉丝等受众感兴趣是很正常的，但是还有很多不太相关，甚至完全没关系的路人，即所谓的吃瓜群众也感兴趣，不少人都在茶余饭后讨论着这件事。

全国做短视频直播知识付费的人那么多，每天都有人能力一般，表现不好。可他们都没有被全网议论，为什么只有这件事情发展成了热门话题？

我们不妨回到大家的底层需求上。该网红前期是普通打工人和创业者的代言人，介绍普通人怎么做生意赚钱、怎么创业，最明显的特征就是逆袭。而在这次事件中，他亲自出马，本想直观演示如何实现逆袭，但是失败了。

世界上失败的人多了。一般来说，和受众没有关系的人，他失败与否受众都不会在意；但是，受众的投射对象失败了，就等于受众自己失败了，因为"他"就代表着"我"。我失败了以后应该怎么做？立即撇清和反击，以此表达我没错。他败了是因为他的问题，这个错误跟我没有关系，我最大的错误就是看错他了。这时候，我就只有一个选择，把他打倒，打倒他以后，我会立即换一个人投射。

有效投射才能引起共鸣

我们为什么要看别人的故事？借用影视行业的一句话：看别人的故事，流自己的眼泪。所以，我们表面上是在看别人逆袭的故事，实际上是在看"自己"的人生。

比如，在一个音乐选秀节目里，一个穿着粗布衣服的年轻人很局促地站在舞台上，不敢抬头，还用手揪着衣角。他说话的时候声音很小："各位老师大家好，我是从某某大山里来的，坐了三天三夜的车，才站到了今天这个舞台上。我从来没有来过大城市，连老家县城都是这次节目组来找我才去的。来到这里，我不知道要干吗。导演老师让我唱歌，我只会一首歌可以吗？我也不知道歌的名字，是小时候我奶奶教我的。"

局促的表现降低了观众的期望值。这时候，灯光慢慢暗下来，音乐响起，他一抬头、一开嗓，现场直接沸腾了。镜头马上切到观众，表情很吃惊；切到导师，表情也很惊喜。

　　节目的后半段，情节反转，师生地位也反转。导师 A 说："选我吧，我一定努力让你成为中国最好的歌手。"导师 B 说："我有好几首原创的歌，送给你唱，你要不要试试看？一定会火。"导师 C 说："我在北京有一个录音棚，这个节目结束你就跟我去录音棚，我帮你做监制，找一个乐队帮你伴奏，这些活儿我来干，好不好？选我吧！"这样的情况下，他的人生直接逆袭。山里的一个默默无闻的小伙子，这一刻成了新的逆袭代言人。

　　不论是影视娱乐作品、个人短视频、直播，还是品牌内容营销，大众想看的都是心理上能达成共识的、激发共情的，引起共鸣的内容。**能引发共鸣的内容，成本最低；能引发共振的内容，性价比最高。**

　　我们有一个"内容是否引发共鸣"的数据监测工具，其方法就是看 PGC（Professionally Generated Content，专业生产内容）和 UGC（User Generated Content，用户内容）的比例关系。比如，你的公司或员工发了一条短视频，宣传介绍了公司的业务，这是 PGC；有受众转发了这条视频或者主动发布了与你有关的视频，这是 UGC。这两者的比例关系，能证明你是否引发了共鸣，以及引发了多少共鸣，这个数据是非常值得关注和参考的。

　　如果这两者的比例是 5：5，意味着什么？意味着你发一条短视频，受众也发一条。但是你发需要投入各种成本，受众发却不需要你投入任何成本。如果这个比例能优化到 3：7，2：8，甚至

1 ：9，那效率就越来越高，性价比也越来越高。我们看到的数据中，做得最好的品牌，这个比例关系可以做到 0.1 ：99.9，相当于只花了 0.1，就得到了 99.9。

本章小结：如何用逆袭引爆内容

逆袭背后的价值观是中华传统文化里提到的："天行健，君子以自强不息"，是中华民族的文化基因。

为什么中国人对逆袭那么渴望？因为一直以来，中华民族都在"逆袭"。几千年来，中华民族并非一帆风顺，但我们一直在努力、在奋斗、在朝着美好生活的方向发展。这些民族记忆深深刻在每一个中国人的心里。

要用逆袭引爆内容，一个很重要的原则就是要给普通大众希望，给一代一代努力者、奋斗者希望，而不是利用它去挣钱。不管是品牌还是个人，都要顺势而为，和几千年的文化基因站在一起，穿越周期。

中国下沉市场的红利空间足够大，且还有很多需求未被满足，仍然有相当长的发展时间，还可以容纳更多的品牌。市场在呼唤下一个小杨哥，下一个《超级女声》，下一个小米，下一个董宇辉……

我相信，在不久的未来，这些被呼唤的人和物，都会以逆袭的形象出现在大家面前。下一个，也许就是你。

内容营销引爆点二

普通人——
"打工人"爆红
的背后

揭秘"普通人"短视频大火的营销逻辑

要讨论"普通人"主题的短视频大火的逻辑，我不禁想起最近一个互联网热词——"嘴替"。说明白"嘴替"这个词能火的原因，可能就会帮助大家更好地理解"普通人"主题为什么容易火。

很多"嘴替"表达的内容，正是大多数普通人想要表达的，大家或是说不清楚，或是说得没有那么到位，或是不敢或不方便说。有人说出来了，大家就会心有戚戚焉，就会点赞、评论甚至转发。

所以，社交媒体的一部分社会职能就是"嘴替"。

一是促进社会大众的自我认同与相互认同，进而带来社会稳定。比如，你认为每个人生来平等，也会问身边的人是怎么认为的，如果对方也说人人是平等的，那你们之间就得到了相互印证，并且加强了自我认同与相互认同。"啊，原来不止我自己这么想，他也是这样认为的。可见人生来平等是多么深入人心，我的想法是正确的。"

二是促进不同群体之间的交流，让另一个群体的人知道这个群体的想法，让他们也加入进来，从相互了解到相互理解，再到相互融入。这样，社会才可能减少冲突、减少割裂。

其实，"嘴替"背后是有理论支撑的。

你认为是事实直接引起了你的反应吗？举个例子，今天有同事说你了，你的反应是直接怼回去。你觉得只是因为他说你才引发了你的回怼吗？其实，在这两者之间有一个很关键的因素，那就是你的认知。同事说你的这个行为，瞬间触发的是你内心的认知。如果你内心的认知是受到别人欺负要立即回怼，那你就会怼回去；如果你的认知是任何人说什么自己都不往心里去，不值一驳，那你就会选择不回应或直接走掉。

认知影响行为

长久以来，这些认知和行为会形成一个整体，遇到事情的时候，你就会下意识地有反应和动作。这里的下意识不是无意识，而是长此以往形成的一体化的认知行为模型。

这就得出了一个结论，你的所有行为都受你的认知影响，你的行为都可以用你的认知来解释，也就是所谓的认知行为理论。所以，要想调整你的行为模式，就得调整你的认知。反过来说，如果你的行为一直调整不过来，只有一个原因，那就是你在认知上没有真正相信这件事。

这些讨论，看起来有点儿学术，但都是为了解释本章的主题：

"普通人"主题的内容大火是因为它们印证了大众的认知,与大众的观点产生了共鸣。

普通人有什么样的认知

在这一章里,我们要讨论的是"普通人"这个主题,那普通人有什么样的认知呢?

一般来说,根据对自己的人生设计,普通人可以分为三类。

第一类是向上的人。这类人不想一直普通,想要往上走,最典型的就是我们第一章提到的逆袭,这里不再过多论述。

第二类是持平、各安其位的人。当下的流行词就是"躺平",这类人感觉就现在这样也挺好,顺其自然。

第三类是向下的人。这类人不想努力了,不想奋斗了,概括起来就是两个字——沉沦。比如,很多电视剧、电影中会有一些沉沦的人,生活遭遇重大变故以后一蹶不振,浑浑噩噩。

在这一章,我们主要讨论的是中间"持平"的普通人。这个"平"可以理解为平稳,也可以理解为平淡、平和,其背后的价值观是安贫乐道。但它和贫富没有关系,其核心是各安其位,各谋其事,各得其乐。

张同学、陈翔六点半等账号的内容导向就主要是普通人过着普通的生活,大家觉得现在这样也挺好,是快乐、开心、愉悦的。比如,"张同学"的视频呈现出的是一个"农村单身汉"的日常生活场景——从起床到洗漱,再从做饭到赶集。

总之，不管你是拍短视频、做直播还是品牌的内容营销，只有把底层逻辑想清楚，做动作的时候才会更加坚定和系统化。你想做"普通人"主题的短视频，选择的态度方向最好是向上和持平，不要做向下的，因为中国人的骨子里很难接受向下的人生。

如何设计"普通人"主题的短视频

对于做短视频的人来说，该如何创作具体内容呢？

在正式进入创作这个环节之前，我们要先学会抛开文学问题。很多人认为，做内容首先是文学问题，其实是错误的。做内容，文学问题是最后一个问题，那是等到具体传播的时候才需要考虑的。

首先，你要做社会调研。3000年前，孔子就开始做"社会调研"了，在鲁国转一转，到卫国听一听，到宋国看一看。其次，做完社会调研之后，你还要对获得的事实、意见、数据进行统计和分析，以及进行结构化梳理。然后，下一个步骤就是确立核心概念，包括你的传播目的、目标受众等。最后才是真正进入创作环节，开始考虑人物、故事线。

假设你想写一个普通人的故事，如果出场的每一个人物设定都是逆袭的，那就没有意思，毫无吸引力。也就是说，这个故事里必须有不同的类型，有逆袭的、有躺平的、有沉沦的、有一开始沉沦后来逆袭的、有一开始躺平后来沉沦的，各种通用的情节都有，才显得剧情充实饱满、跌宕起伏。你要注意，故事线是由结构化的理念衍生出来的，而不是拍脑袋空想出来的。

当你把前期的这些关键要素都确定之后，才涉及具体表达方式的问题，然后才会再涉及声光电、服化道的问题。也就是说，前面的核心概念是决定性的"1"，之后的文学表达、声光电、服化道都是"0"，1不存在，再多的0也没有价值。

你想要你的短视频内容成为大家的"嘴替"，就要先知道目标受众是谁，他们想表达什么，然后设计故事线，再用图文或视频的形式表达出来。

实际上，普通人的故事不会一直向上，或者一直向下，或者一直躺平，这样显得很孤立、很单一。所以，在设计故事的时候，可以用三种方向进行不同的排列组合，再各种反转，形成不一样的故事线，这是内容精彩的底层设计逻辑。比如，我可以先躺平，慢慢沉沦，沉沦以后又奋发图强了；或者我是个普通人，现在看似沉沦了，实则韬光养晦，为了往上而偷偷积蓄力量。

举个例子，一个人辞去了北京月薪两万的工作，在老家干着月薪两千的工作。很多人都觉得他沉沦了，实际上他花了很多时间悄悄学习，想的是回乡创业，因为家乡有一种特产。后来他成了这种特产的生产商和供应商。

这种风格的故事还有很多。一个男生过年回到老家，天天在家看电脑。爸爸妈妈说："过完年了，你怎么不回去上班啊？"他说："我辞职了。"爸爸妈妈很吃惊："啊？你辞职了，那你怎么不找工作？"他说："不想找了。"镜头再转回来，他蒙上被子就睡觉了。

爸爸妈妈走出去，在门外小声说："这孩子怎么了？是不是受打击了？"正说着，门打开了，邮递员来了，问："这是×××家吗？"妈妈很关心孩子，小声说："是，声音小点儿，孩子在睡觉。"刚说着，儿子冲出来，两眼放光："是我的信吗？"邮递员说："是你的信，XX大学研究生录取通知书。"然后，旁白再进行解释，他辞职是为了考研，回来天天看电脑是在看考研信息，之所以总是睡觉，是因为考研前那段时间，他一两个月都没睡过一个好觉了。

这些故事，表面上看起来是向下的，结果都进行了反转。

如果你想要通过做内容改变现在的生活状态，就要有基于底层逻辑的创意设计，沿着你熟悉的方向，持续优化，才能有复利。

短视频内容讲究贴近性

普通人的价值观是安贫乐道，情绪上要开心、愉悦，这些在拍短视频的时候都要有所体现。这就衍生出一个原则——贴近性原则。这是第一原则，也是标准原则。

什么叫贴近性原则？

第一，贴合自己，意思是要讲自己的生活。比如，讲自己化妆、吃饭、上学、上班的生活，或者讲自己儿子、女儿的日常生活，总而言之就是离你最近的生活。

第二，贴合受众，意思是离目标受众的生活更近。比如，我要和图书公司的负责人沟通，那我就贴近他，发一些出版的内容："我在国外看到一本你喜欢的书的英文版，感觉很好就买下来寄给你。"

接下来，有一个难题，如何在贴近自己和贴近受众之间找到桥梁？如果将这两个原则拆开去落实，就会变得很割裂，导致受众一头雾水。比如，这条短视频的内容是我今天早上化妆了，是贴近自己，下一条是我拍的其他人的生活，这是贴近受众。但是，这两条短视频放在同一个账号里，受众就会疑惑，这两条短视频之间有什么关系呢？

还是刚才的例子，我的建议是，依然拍自己，但是要跟你想要沟通的那个人产生联系。比如，你还是拍你的日常生活，有一天在纽约逛街看到了一本书，想到某个人之后直接发微信给他，问他喜欢吗？他说喜欢，你就直接买了，等回国后，把这本书作为礼物送给他。然后画面一转，你们俩在他的办公室，并肩研究这本书。

这个思路，就是把贴合自己和贴合受众连在一起了，这就是一种架桥的方式。

简单来说，贴近性就是贴合自己、贴合受众以及连接传播者与被传播者。

如果再细分连接传播者和被传播者之间的"桥"，可以分成两大类。

第一类是事实的连接。比如，我买书，然后送给朋友，我们就连起来了。总之就是找各种事实，并延伸其中的细节。举个例子，我和朋友商量要做一本书，我正在家里想选题，朋友突然来到我家，兴高采烈地说那个选题他想出来了。我说，不可能吧，昨晚咱俩还愁成那样呢。他说，你看，详细的提纲我都做出来了。其中隐含的事实是什么呢？我和朋友一直在替出书的人着想，一直在传达我们的功能。其中的情绪是什么呢？我和朋友一直在全力以赴，每时每刻把客户的事儿放在心上。这就是通过事实连起贴近性。

第二类，用情绪去贴近。之前哈尔滨文旅爆火，铺天盖地各种类型的短视频都有，但最火的是哪些内容呢？

受众喜欢看的视频有两大类：一类是"南方小土豆"看到冰和雪很兴奋，玩得很开心；另一类是"南方小土豆"和哈尔滨人的对话。比如，很多本地人会说："是南方来的'小土豆'吗？不要钱，上车走。"很多这样的视频，情节几乎一样，台词也一样，只是人不一样。

这些爆火的视频背后是普通人和普通人的对话。大家都是普通人，大家都乐道安命，我是南方人，我好好做南方人；我是北方人，我好好做北方人。我们普通人之间还有交流，南方普通人说，你们对我们这么温暖；北方普通人之间互相调侃，生活这么多年，没听说过冻梨还摆盘儿的。

好的底层逻辑可以帮助你做出 80 分的好内容，但是，这背后的核心问题是什么呢？第一，你想清楚方向了吗？你有自己想要表达的态度吗？第二，你真的愿意坚决执行吗？不妨认真思考一下。

让讲"普通人"故事的内容有更多人看

这些年来，关于讲述普通人乐道安命的生活态度的影视娱乐节目在逐渐增多，比如，综艺节目《向往的生活》讲述了一行人远离大城市，来到一个安静、舒服的小院，做做饭、干干活、聊聊天，描绘了令人向往的生活。电视剧《都挺好》中展现了苏家一家人的矛盾纠葛，如父母与子女之间的误解、期待与失望，兄弟姐妹之间的误解与和解。这些矛盾和解的过程，反映了普通家庭中常见的问题和解决方法。

我们都知道，普通人的方向有三种，从时间维度来看，为什么讲述普通人乐道安命生活的节目变多了呢？

为什么讲普通人的节目火了

原因无外乎有两个关键点：一个是大众的情绪，另一个是大众的价值观。

其一，普通人安贫乐道的生活更能体现出大众在现实中的情绪。

以《向往的生活》这个节目为例，名称就已经在点题了。这个节目的目标受众就是普通大众，那他们向往什么样的生活呢？就是乐道安命，活在当下，简简单单、开心愉悦地过日子，好好生活就可以了。那具体是什么样的生活呢？从普通人的日常生活来看，就是有一所简单的房子，有家人，有朋友，一起干干活，做想吃的饭，见想见的人，开怀大笑，安心睡觉。其实，这就是大家的愿望，是最能引起共鸣的生活方式，精准踩中受众的情绪点。

其二，普通人乐道安命的生活更加符合大众的价值观。

年轻的受众，他们中的大多数还处于努力、奋斗、拼搏的阶段，倾向于向上走。但是，努力拼搏的辛苦，各种工作的困难，也让很多人想过另一种可能的生活。

年长的受众经历了奋斗，想明白了一些事情，也会更倾向于乐道安命这个方向，所以更希望看到传递相同价值观的内容。

《向往的生活》播出前后，出现了以"躺平""逃离北上广"为代表的一系列流行词，而在《中国好声音》有影响力的时候，出现的是"逆袭""我命由我不由天"等流行词。而且，在《向往的生活》热播的时候，《中国好声音》的影响力已经开始下降，此消彼长，这是因为主体受众的心理投射需求在变化。

做内容要学会"新瓶装旧酒"

当我们知道乐道安命类影视娱乐节目受欢迎的底层原因之后，自己在创作的时候也就有章可循了。

随着这类节目的增多，也出现了很多问题。比如第一季的时候反响很好，之后出第二季、第三季的时候效果就不尽如人意了。出现这种情况的原因是什么呢？原因其实很简单，同类型的节目多了，同一个形式用久了，观众会"喜新厌旧"，审美疲劳。

但是，我们前面说过一个观点：好内容都是重复的。这两个观点看似是矛盾的，怎么去解决这个问题呢？

一言以蔽之，就是要学会"新瓶装旧酒"。在创作内容的时候，要把瓶和酒分开，瓶子的问题研究瓶子，酒的问题研究酒。

那具体到一部内容作品，哪些是瓶子？哪些是酒？瓶子和酒之间又是什么关系呢？

酒是本质，瓶子是形式。对应来看，酒就是内容，是我们想传播的情绪、情感、态度、价值观；而瓶子是内容的表现形态，是可以变的、应该变的、需要变的，甚至要不断地学习新方法去变的，比如人物形象、服化道、场景等。因为人是视觉动物，感官能触及的东西若是一成不变的，就很容易使人丧失兴趣，不再好奇，要让他们感受到一些变化，看到不一样的地方。

但人们对底层逻辑，如乐道安命的情绪、情感、态度、价值观，从来没有喜新厌旧过，反倒始终如一。而且，由于情绪、情感、态度、价值观一直没有变，还形成了一种类型，因此就出现了类型片。

比如，英雄主题的类型片，我们可以在战场上拍英雄片，可以在监狱里拍英雄片，也可以在学校里拍英雄片，甚至可以披上科幻的外衣拍科幻英雄片。这些讲述英雄主义的内容，场景在变，人物在变，演员在变，台词也在变，但始终都没有脱离英雄主义。

所以，在做内容的时候，要坚信好内容是重复的，重复的是那些人类一直以来所相信的。

但是，也要留意一点，虽然有些底层的、普世的价值观恒久不变，比如说爱；但有些价值观会发生细微的变化，虽然还在一个逻辑框架里，只是基于原有价值观进行了迭代。

一个影视娱乐节目要是想持续有热度，一个是要在形式上进行迭代，这种变化是短期的、快速的、频繁的；另一个是要在价值观上有精准的、微妙的变化，这种变化是长期的、缓慢的、偶发的。

当品牌营销走进普通人的生活

对于乐道安命的普通人来说，他们的底层逻辑是活在当下，活在此时此刻。这在品牌的营销当中也有所体现。

瞄准普通人活在当下的态度

我们以江小白为例，它的很多流行语，都是在讲普通人活在当下。

给自己一个懒觉的时间，再阔步向前。这是典型的普通人安贫乐道的想法，他们不愿意或者做不到每时每刻都电量充足，精神饱满。

做到非常简单——拿起，放下！这个广告语有两个方面，一方面是把事儿放下，另一方面是把自己的心放下。当你把事儿放下了，把心放下了，就意味着你包容了自己，也放过了自己。这也是安贫乐道的普通人的一种态度，不追求极致的完美，能拿得起，也能放得下。

有理闯天下，有酒我不怕。这句话隐含的意思是要接受自己，放下心中的一些人和事。那怕的是什么？怕的是未来的不确定性，怕的是经过努力不一定能成功。但是只要有江小白我就不怕了，失败又怎样，不确定又如何。

有时候分不清现实与梦境，也是一种好事。为什么把这句话写在酒瓶上？向上的人的想法是"天行健，君子以自强不息"。我现在在 A 点，要到 B 点，方向非常清楚。如果分不清现在的点和未来的点，我就不知道要去哪里，何以天行健？何以自强不息？安贫乐道的普通人不一样，他们觉得有时候不必把梦境和现实分得那么清晰，因为分不清，所以不用往那去。他们唯一能辨别清楚的就是当下，就是这一刻。这种安贫乐道的普通人的态度，在营销中也要有所体现。

营销策略：有所为，有所不为

当然，江小白的营销文案里也有体现向上的，比如"坚持一天赚一天，放弃一天少一天"，这很向上，也很励志。"你敬我一杯，我敬你一丈"，这看起来是敬酒的话，其实是说我们在前进的过程中应该跟他人互相帮助、互相提携、共同进步。

从这里就延伸出了一个新的话题。对于品牌来说，使用"普通人"营销时，向上走逆袭和持平走安贫乐道，这两个方向都是可以的，主要取决于你的市场区间有多宽。

比如说，你是 A 品牌，目标受众是普通人，既包括向上的，也涵盖躺平的。这时候 B 这个新品牌应该怎么确定自己的受众？我们经常给品牌的策略就是主攻其中一个。

因为，B 品牌只有比 A 品牌的方向更清晰，态度才更明朗，才能更精准地吸引受众。假设你是一个躺平的人，买到 A 品牌的商品之后，发现其宣传躺平价值观，挺满意，下次却买到了宣传向上努力的，凑合着还能接受；这个时候，如果出现一个新的 B 品牌，只宣传躺平的精神，一直强调活在当下，那你肯定会更青睐 B 品牌。

这就是在品牌营销里非常重要的一个策略差异化，垂直细分。

那么到底要垂类到什么程度？一般情况下，我给品牌的建议是把自己垂类到第一，如果不行，至少得是前三的位置。

举个例子来说明，以前我上学的时候，我的成绩是第 40 名，怎么做到垂类第一呢？我感觉自己语文成绩相对不错，就想看看自己语文成绩是不是班里第一，一看语文成绩也得排到全班 20 多名；再想想自己语文中的作文不错，一看在全班的排名是前 5 名；老师说虽然我的作文总分不是最高，但是作文开头写得最好，所以，我的作文开头在班级里是排名第一的。因此如果我能长期保持作文开头第一，那也是我的一个差异化定位。

当然，你要注意的是，内容越来越垂直，目标受众的基数也就越来越小。所以，要从时间维度上尝试解决这个问题。比如，我先把作文开头拿下，然后扩大到作文，再扩大到语文，再扩大到全部成绩。

策略，就是有所为，有所不为。你选择不做什么比选择做什么更重要也更艰难。

比如，我为什么一定要选作文开头，选地理行不行？当然可以，其实这个垂类是根据自己的核心能力来选的。如果你从小对地理特别感兴趣，全国名山大川的名字信手拈来，随手就能画出全球的山脉地图、河流地图，这也是一绝。

如果对手实在太强，你找不到成为第一的区间，还有一个方法，那就是自己定义一个区间。你可以把自己放到一个还没竞争者的区间，然后反复宣传，影响受众的认知。因为受众没去过这个领域，竞争对手也没去过，你肯定是第一。

价值观差异化更能穿越周期

品牌在营销时，要想和大众建立更深的联结，真正走进大众的心里，并且穿越周期，还要注意以下几个方面。

第一，明确差异化定位

在品类上要差异化，在功能上也要差异化，但更重要的是在情绪、情感、态度、价值观上差异化。

很多品牌，更多的是在品类和功能上进行差异化：你是甜的，我是咸的；你有气泡，我没有气泡；你加了椰奶，我加了红豆。如果我们同样是椰奶咖啡，有没有可能再做定位差异化？当然，可以走情绪、情感、态度、价值观差异化的路线，尤其是价值观的差异化更有长期价值，因为价值观的变化是长期的、缓慢的、偶发的。

比如，想"躺平"的人喝椰奶咖啡，相信"天行健"的人也喝椰奶咖啡，但两种人喝椰奶咖啡的目的不一样，前者是喝完自己就满足了，后者是喝完了精神饱满去加班。这背后的情绪、情感、态度、价值观都是不一样的。

功能类差异化是表层的差异化，只能帮助品牌进行短期竞争；情绪类差异化是中间层的差异化，可以帮助品牌参与中期竞争；以价值观为代表的深度的差异化，才能帮助品牌参与长期竞争，才能帮助品牌穿越周期，才能帮助品牌基业长青。

周期分两大类，第一类叫经济周期，由技术等要素驱动；第二类叫价值观周期，指的是价值观摇摆、调整、轮回的周期。

所以，品牌在讲未来三年战略、五年战略的时候，要想清楚选择哪个方向可以穿越周期，并且符合目标受众期待。假设你是做女性瑜伽馆品牌，最好的方向就是符合女生独立的潮流和受众需求。无论是做生意还是做内容，你一定要选择自己心里相信的，然后"从心出发，顺势而为"。

第二，坚持拟人化

从战略的意义上说，内容是两个人、两组人、两群人或两类人之间沟通的桥梁。因此，所有的内容都要从人出发，与人挂钩，要拟人化。

那拟人化具体要怎么做呢？拟人有两大路径，一种是外在形状与行为的拟人。比如海绵宝宝和派大星有手、有腿，可以说话，可以跑跳，这是先拟人的形象，再拟人的行为。

另一种是拟人的情绪、情感、态度、价值观。像人一样想问题，像人一样有喜怒哀乐。比如在《猫和老鼠》里，老鼠的害怕、好奇，都是人的特点。

　　品牌做内容营销的时候，最好是将两者结合在一起，从内到外都做到拟人。

　　第三，内容要能传情达意，并引起共鸣

　　品牌在跟普通人交流的时候，一定要"说人话"。2024年春节的时候，网上非常流行一个视频，视频中的人在说一段很莫名其妙的话，"你有这么高速运转的机械进入中国""黄龙江一带全都戴蓝牙"，等等。每一个字我们都知道什么意思，但是连在一起就不知道她在说什么了。

　　所以，我们在做内容营销的时候，不能被形态迷惑。你要真正地说人话，说人想说的话，说人爱听的话，说人有共鸣的话，说人有共情的话。这个话，可以高大上，也可以简洁直白。从传播者出发讲传情达意，从接受者角度讲共情共鸣，这是原则。

　　我想对所有做品牌的人说，好内容是重复的，好内容是"新瓶装旧酒"，好内容能带来利润，这都是在做内容营销时需要不断强调的。

"普通人"流行语为何成了营销新利器

流行语直接体现了普通人的心态

　　当下，有很多描述普通人的流行语，比如"躺平""佛系""反内卷""逃离北上广""精致穷""普信男""普信女""996""007""班味",等等。这些流行语是能最浅显、最方便、最直接地帮助做内容的人了解普通人心态的方式。

你想一下,一部电影全部看完将近 2 小时,看完还得想一想这电影到底讲了什么。电视剧更长,要几周才能更新完。流行语则不一样,它们很简单、很通俗、很直接。比如"躺平",这类人的心态就是不想努力、不想奋斗了,当下也挺好的。

而且,这些流行词也符合趋势:品类趋势、功能趋势、情绪趋势、情感趋势、态度趋势、价值观趋势。古往今来,从厚德载物、各安其位、人各有命、时也命也,到现在的躺平,其实核心一直没有变,只是词一直在变而已。

接下来,一代一代的观众、一代一代的受众、一代一代的消费者,仍然会在同一个价值观方向或者类似的价值观方向不断创造新词。所以,做内容、做营销的人,要时刻跟踪,及时借用,及时借鉴,及时参考。

如何提升对流行语的敏感度

很多人在流行语的使用上有一个问题:流行语更新得太快,有时候无法识别且跟不上,这个时候该怎么办?

方法其实有很多种,但相对简单又容易实操的有两个。

第一个,非常日常的一个办法,就是不断刷各种社交媒体。比如,你可以定期刷朋友圈,看一下大家经常用什么词;或者,刷微博、刷抖音,看看网友们都在用什么词。

要注意，不要只刷你信息茧房里的内容，而是去主动搜索，多关注一些与你喜欢的人、喜欢的内容不一样的账号。比如说，你是女生，主张女生独立要强，平时喜欢看一些大女主的内容，平台给你推荐的也是这些，长此以往，你会陷入信息茧房，视角也会变得单一。你可以试着看一看反女权主义的账号是什么内容，再看看"钢铁直男"的账号。

当你听了跟你不一样的人的想法，甚至跟你完全对立的人的想法之后，你的视角就会变得多元化了。这对于做好内容非常有帮助。

这样做的结果就是：喜欢你的人，因为你有明确的观点更加喜欢你；不同意你观点的人，因为你的多视角也不会太讨厌你。总而言之，就是你既可以固圈，又可以破圈。

如果无论是在内容上还是在形态上，你永远是同一个视角，那会怎么样？就像祥林嫂一样，来回说自己那些事儿，来回用同一个表达形态说那些话。周围的人一开始听她的悲惨遭遇时很难过，可听得多了就不爱听了，甚至后来都躲着她走。这也是做内容的大忌，本来能跟你共情的人，因为你的表达形态和内容的重复，就无法继续和你共情了。

第二个方法是敏感度练习，这个方法相对偏专业一点儿，但日常也可以进行训练。敏感是指外界任何风吹草动都能引发这个人内心的波澜。比如，今天早上出门，楼下保安斜着看了我一眼，我就想他到底什么意思呢？我打车的时候，司机关门的声音好像有点儿重，我会想他到底是力气大还是表达对我的不满呢？实际上，很少有人对所有事都完全敏感，不同的人敏感度是不一样的，有的人在有些方面偏敏感，有的人在有些方面偏钝感。

一般来说，做内容的人整体是偏敏感的。要做好内容，很重要的一个基础训练就是敏感度训练。训练时，你可以想象自己在扮演一样东西，然后说出自己的感受。举个例子，你要扮演一块石头，你走到房间的角落，然后闭上眼睛想象自己是一块石头，会是什么感觉？这块石头的视野能看到什么？看到的世界是什么样的？

如果你对流行语的敏感度不高，那可以试着用上面这两个方法进行提升，对做内容会更有帮助。

多视角做内容更能贴近普通人

如果我们要在内容里使用流行语，要遵循一个很重要的原则，那就是多视角。这是做内容的人必须具备的一项能力，也是做内容创作的一个大难题。

一般情况下，人都是习惯于从自己的眼睛往外看世界。比如，我现在站在房间的中央，我看到的是面前有很多人，还有很多桌子。但是，此刻坐在我对面的人看到的是我和我后面的大屏幕。如果你只是站在自己的视角看问题，那就显得很单一、很片面。

做内容，巧就巧在反转，巧就巧在差异化，巧就巧在多视角。

什么叫多视角？比如，一本小说里面有小赵、小李、小张、小王这四个人物。作者会怎么写？他需要一直切换，一会儿跳到小赵的角色里，一会儿跳到小李的角色里，一会儿跳到小张的角度上，一会儿跳到小王的角度上。

他在来回切换的过程中，对这个世界的看法是不一样的，对这个世界的感觉也是不一样的。内容创作者的工作就是不停地做视角的切换与调整。你要理解不同地域、不同职业、不同身份的普通人的流行词，就得把自己想象成当事人。

比如，你今天要写一段小县城居民安贫乐道的内容，那就要代入小县城居民的生活，想他们怎么去上班，路上会看到什么，会发生什么样的故事。

想象一下，你今天出门上班，却没赶上公交车。这个时候该怎么办？你离单位不太远，大概 3.5 千米，你可以骑自行车过去。路边全是小店，你和遇到的人一一打招呼，这是我高中同学，那是我幼儿园同学，因为县城就是熟人社会。

"普通人"如何产出自己的爆款内容

很多人都秉持着乐道安命的价值观，这既可以体现在短视频、影视娱乐节目、流行语中，也可以是品牌的营销方向，同样也可以是每个人的爆款内容。

你是普通人的"嘴替"吗

说到乐道安命的普通人的代表人物，可以举例的有参加《创造101》出圈的杨超越和参加《创造营 2021》火起来的利路修。

杨超越参加的是一档歌舞比赛类节目。节目内容设计很清楚，就是比谁唱得好，比谁跳得好。杨超越来自普通家庭，在舞台上说自己是全村的希望，给观众一种邻家小妹的感觉，很可爱。

她说自己既不太会唱歌，也不太会跳舞，但是她没有完全躺平，也在不断学习，参加演出，参与排练。那她是很刻苦地学吗？并不是，她试图刻苦过一两次，后来就基本上是在"划水"，别人在前面跳舞，她象征性地跳两下。

这个时候，广大的普通观众就会代入，杨超越就是我，她就是在演我上班时的状态：上班不干活不行，要不然领导看见会批评，所以还得把该干的活干了，但是把活带回家是不可能的。

所以，杨超越会火，是因为大量的劳累辛苦的打工人把她当成"嘴替"了。连杨超越这种唱歌水平、这种跳舞水平、这种工作态度的人都能晋级，说明躺平也行，"划水"也挺好。

那利路修是怎么成为大家的"嘴替"的呢？杨超越起码还配合一下，要求训练我就跟着训练，要求跳舞我也在跳舞，虽然也偶尔会"划水"。但利路修则直接说："我不想玩了，你们放我下班吧，求求你们了。"

《创造营2021》的评选机制是观众投票，网友反而故意投票给利路修，不让他下班，让他继续晋级。实际上，网友扮演的就是老板的角色，但是又在心里代入利路修的情况——虽然我发的口令是让利路修上班，但我心里并不希望自己上班，就想看你反抗。这就是网友的心态。

顺应普通人的特性做内容

不管是杨超越的划水，还是利路修的躺平，他们的爆火都说明：做内容要尊重人性，要顺应人性，不要跟人性作对。

大多数普通人的内心没有太明确的目标。很多普通人不会爱，所以要大量听关于爱的歌曲、看关于爱的电影、看关于爱的电视剧，通过心理投射找到一点儿爱的感觉。

人还有一个特性，就是渴望好运降临。在网上，大家认为杨超越是"锦鲤"，意味着她的成功是有运气在的。大家都是这样想的：她唱歌、跳舞水平跟我差不多，甚至还不如我，那为什么她成功了，我没有？主要是她运气好，如果我有她那个运气，我也成功了。

所以，在创作内容的时候，你要找到符合普通人特性的方向，想一想安贫乐道的普通人是怎么想的：钱多活少离家近，不用努力，好运降临，等等。比如，你做一个账号，叫锦鲤降临，主打的就是不需要努力，让人们许愿；或者街头测试，突然许个愿，看看某个地方灵不灵，然后让粉丝都来提问题，都来试一试。从本质上说，这个账号就是在给普通人卖"精神彩票"。

但是，我们在顺应人性的特点做内容时，一定要把握住度，要体现作为创作者的清晰的价值观。因为做内容的本质是在传播价值观，如果你自己都没有清晰的价值观，如何传播价值观？

比方说，我们在做安贫乐道的普通人的内容时，并不是要完全宣扬躺平是最好的选择，也要在其中加一些自强不息的思路，至少让人偶尔努力一下，哪怕是简单收拾一下屋子、收拾一下自己。

这样的内容创作，既顺应了普通人的特性，也具有一定的正能量。

如何让自己的内容持续火

很多人遇到过这种情况，自己因为一句话或者一个短视频突然爆火了，但只是昙花一现，不知道怎么才能持续。

我认为，所有偶然的火，都是有原因的。偶然性中蕴含着一定的必然性，你要把必然性找出来，然后不断去复制它。

以丁真为例，他的迅速走红正是受众对于纯真、质朴和家乡情怀的共鸣。丁真所展现的纯真、质朴和阳光的形象，在当下社会具有极强的吸引力。这种形象与现代社会中普遍存在的焦虑、压力和浮躁形成了鲜明对比，让人们在繁忙的生活中找到了一丝慰藉。

另外，丁真的走红也离不开社交媒体平台的推波助澜。社交媒体平台为信息传播提供了极大的便利，丁真的视频被大量转发、分享和评论，迅速引发了广泛的关注和讨论。这种病毒式的传播方式使得丁真的知名度在短时间内迅速攀升。

所以说，丁真的走红是偶然性与必然性的统一。他的纯真、质朴和阳光形象以及家乡情怀的展现使得他具备了走红的必然性；而社交媒体平台的推波助澜则使得这种必然性得以迅速实现。

做内容，我们要尊重偶然性，承认偶然性，并通过多种方法逐渐压缩偶然性的空间，扩大必然性的空间。简单来说，就是提高概率。

　　如果想持续做出火的内容，你还要做到一点，那就是持续关注用户微妙且精确的情绪。

　　比如，面对席卷而来的裁员浪潮，人们的态度就由原来的"躺平"发生了变化。于是，董宇辉式的人物出现了。教培领域遇到了瓶颈，很多人面临失业的困境，但是董宇辉选择开始做一件完全不会做的事，并且取得了非常好的效果。大家也开始进行自我安慰：将来我要是被裁员了，也可以找一件陌生的事干起来。

　　但是，大家的想法还是有一些更细微的变化，那就是"今天的一些行为是被迫的"。董宇辉带货是被迫的还是主动的？他也是形势所迫，其实并不想做带货。在转发董宇辉的词条时，有一个关键词叫"董宇辉被迫带货"，网友们纷纷点赞。

　　这个时候，你可千万不能说"我就是喜欢带货，这是我自己选的。因为'天行健，君子以自强不息'，我们在任何情况下都会找到属于自己的空间"。这样，方向就反了。你的内容要符合大多数人的心态，就是形势所迫，人们必须做一些向上的调整，这是当下大多数人真正的期待。

　　此外，要想让你的内容持续火，还需要调整一下"药"的"剂量"。我们必须承认，内容产品某种程序上具备"社会压力缓解剂"的功效。我们都知道，药效是从弱到强的，一旦前期太强，后边变弱就起不到作用了。

不同类型的"缓解剂"是有使用期限的。比如，我抱怨在职场很辛苦，可用选项就是不认真干活。如果这样也缓解不了，那就只能辞职了。还有什么比辞职"药效"更猛的"缓解剂"呢？

"缓解剂"本身没有道德色彩。人们的痛苦是由各种原因造成的，既有自己的原因，也有社会的客观原因。因此，社会要么帮人们解决问题，要么就提供"缓解剂"，缓解大众的痛苦。

本章小结：如何用"普通人"引爆内容

梦想、接地气、真实，是用"普通人"概念做营销最重要的三个原则。至于你的价值观方向是向上还是持平，要根据不同的品牌定位、内容定位自行选择。选定价值观方向之后，在一定时间内，必须要坚持。但是如果群众的心态发生了转变，你就不能还要坚持，就得去适应变化，进行适当的调整。

坚持不一定会有价值，但一定会有意义，而且还是历史意义。古往今来做内容的人，都有各种各样迎合时代的方式。但是，每一代也都会有极少数人，在被周围人嘲笑的情况下，在绝大多数人不理解的情况下，始终坚持。然后，正巧赶上下一代人里也有这样的人，双方一拍即合，实现了价值态度和文化的薪火相传。

做内容营销，需要我们眼里有光，脚下有路。眼里有光，是我们心里要真的相信一些东西；脚下有路，是我们要朝自己相信的方向走去。只有这么做，我们才会做成真正值得尊重的品牌，做出真正值得尊重的内容，成为真正值得尊重的创作者。

　　做内容和品牌，要始终如一，坚持自己相信的，实践自己相信的。

内容营销引爆点三

怀旧——

"爷青回"，你的 DNA动了吗？

影视节目为什么越来越流行"怀旧"了

时代变迁，大众理念迭代升级，更多的人期望能够通过内容唤醒回忆，找到共鸣。于是，"怀旧"营销也应运而生。

怀旧火起来的因素

如果怀旧的内容做得好，传播和营销的成功概率会比较高。

具体到内容创意上，要想火，需要创作者和受众两方面因素起作用。

从创作者的维度来看，选题、题材、创作方法、讲述方式等，它们是一个体系，缺一不可。

从受众的维度来看，目标受众和目标消费者的偏好、个人经历、情感、态度、价值观，等等，这是另一个相互联系并影响的体系。

内容创作背后的时代性

创作是有时代性的。你喜欢某一类事物，某一个观念，某一个人，真的是你自己心里真实的想法吗？很多情况下并不是。

我举一个小例子，更好地说明"时代性"。

一般来说，无论是哪个年代的女生，喜欢的男生类型都会是千差万别的。

然而，我们还是可以看到，在相对自由选择的情况下，不同时期大多数女生的偏好也会呈现出一定的集体性特征。在20世纪50年代，一部分女性喜欢工人阶级，嫁给国营工厂里的男性是主要选择之一。到了60年代，女性的偏好有了一些变化，更喜欢解放军。因为当时号召全国人民学习解放军，解放军是很多人最崇拜的偶像。改革开放之后的80年代，很多女性开始更喜欢知识分子。彼时的社会上，弥漫着向科学进发，努力考大学，实现四个现代化的浓厚氛围。到了90年代以及21世纪之后，部分女性开始喜欢商人。那时计划经济向市场经济转型，社会主义市场经济蓬勃发展。

在不同的时代背景下，女性喜欢工人、解放军、知识分子、商人……她们发自内心地相信，这是自己的选择。但出现明显的群体特征正是因为时代性。不同年代的社会、政治、经济、文化环境和条件，会影响所处时代的人，使其内心产生不同的偏好、感受、情绪、情感，甚至态度和价值观。

当下的人们常常怀旧，原因也可能是以下两种。

第一种原因可能是我们现在所处的时代比过去经历的时代更幸福、更安全。这种情况下，我们回忆过去更多是感慨：现在的生活很幸福，来之不易，我要珍惜。也就是说，我们是通过回忆经历过的痛苦年代、艰难年代，来确认当下正处在幸福的时代，进而提升自我满意度。

第二种原因可能是我们对现状缺乏安全感。如今，世界变化得太快，我们或许有点儿跟不上，或许有点儿无所适从，也并不清楚未来，其中有太多的不确定性。这种情况下，我们也会怀旧，这种怀旧是为了让现在的自己在面对不确定性时相对安心一些。

怀旧的本质是寻找安全感

一个人无论当下是幸福的、开心的，还是痛苦的、不安的，都可能会不自觉地往回看，不自觉地怀旧。其中的本质就是寻找安全感，提升自我认同。

2023 年年底，王家卫导演的新剧《繁花》一经上映，就掀起了一股怀旧风，还带动了上海文旅的发展，吸引大家纷纷去黄河路打卡。

《繁花》的原著和电视剧其实是两种完全不同的风格。书里的时间跨度是从 20 世纪 60 年代到 90 年代，并且没有按照年代顺序讲，而是讲讲 60 年代，再讲讲 90 年代，用不同的视角和故事线、时间线穿插着讲；电视剧则很巧妙地截取了书中很小的一段故事，增加了一些人物、情节，把 90 年代的上海放大了。

20 世纪 90 年代的上海全面发展经济，短时间内，上海加速起飞，人们的热情迸发出来了，以黄河路最为热闹，简直是烈火烹油。当时的人们相信只要努力就能致富，相信明天一定会更好。

那个年代，那种感觉，对生活在上海的人来说是记忆深刻的。拍摄这样一部电视剧，很容易让经历过那个年代的上海当地人找到安全感，找到自我身份的认同。

不知道大家注意到没有，《繁花》这部剧有沪语版和普通话版，从某种意义上来说，普通话版的效果是打折扣的。这部剧在上海及周边城市的反响也好于其他城市。因为各地观众的经历和记忆不同，感受就不同，怀旧的点自然也不一样，其他地方的人也就无法跟上海人感同身受。

怀旧营销要找"最大公约数"

做内容营销时，怀旧是一个相对有效的选择，但是我们要相对精确地选择目标受众，找到他们认为值得怀念的年代。那段时间，可能是他们无忧无虑的童年时期，可能是他们轻松自由的中学时期，可能是他们大放异彩的大学时期。对不同的个体或群体来说，他们所认为的很美好的时刻不是完全一样的。

一般情况下，人在什么时候最心安呢？抛开历史长河的维度，撇除战争、家庭变故等因素，通常来说，人们首先会选择童年。怀念童年是人类相同的情感之一，是人类怀旧的最大公约数。

我也经常怀念自己的童年，有一个场景至今记忆犹新，并且屡屡想穿越回去。

　　小的时候，我有一段时间和爷爷奶奶生活在一起。那时的我很挑食，整个人精瘦精瘦的，看起来像是营养不良。我三四岁的时候，在很多亲戚的建议下，我被送回常州，我的干爸干妈负责照顾我。当时有一件事情，我记得特别清晰。

　　我的干爸干妈、堂兄堂弟都在田里干活，我在田间玩泥巴。恰好，田埂上有一个人推着自行车走过去，后座上是一个白色的木头箱子，里边装的是冰棍儿。我看到了就想要，但他们离我好远，大概率听不到我的喊声。就在这时，干妈竟然跑了过来，给我买了冰棍儿，我坐在田埂边高兴地吃起来。午后的田野，冰棍儿的清甜，轻柔的微风，一直刻在我的记忆深处。我常常会想，如果有机会能再回到那一刻，该有多好！

　　为什么我会如此怀念那一刻呢？在我的记忆里，那是一段幸福的时光，那时候的情绪、情感和无条件的爱使我感到心安。

　　如果你累了、倦了，一定要找到那个属于自己的安全区，最好是能够外化的，比如有物理形态的一个空间、一件物品或者一首歌，给自己营造出安全感。同理，我们也要通过内容创意和品牌营销，为大众多创造一些心理上的安全空间。

　　做营销，做内容，要尽可能在目标受众中找到"最大公约数"，这样基数才最大。比如以怀旧为主题，如果能满足怀旧的特质，就具备了一定基数的受众，火的概率也就得到了进一步的提升。

品牌如何借"怀旧"引爆消费者

在美国中部，一个个小村子星罗棋布。有趣的是，有些村子中的人不仅穿着之前时代的衣服，连生活方式都跟那个年代一样。他们这样做，其实也是一种留恋和怀旧。

越是高速发展，人越容易怀旧

不夸张地说，只要是人，都会怀旧，只是怀旧的点不一样。而且，社会越是高速发展，人们越容易怀旧。因为高速发展意味着很多不确定性。

假设，你加入了一家公司，你的老板一直是 A，上级领导一直是 B，办公地点一直在北京，你在公司工作了 5 年、10 年甚至 20 年，一直做同样的工作，这些都会让你的心中多一些安全感和确定性。

但是，公司慢慢发展起来了，老板准备开一个广州分公司，派你去那里工作；你去广州干了一年，刚刚适应，公司又把你派到西宁分公司；没过多久，老板又说，业务发展了，不只是和国内品牌合作，也要和国际品牌合作了，要你去新加坡出差。业务扩大、公司发展当然是好事，但作为参与其中做事的人，你会有很强烈的不安感，会感觉存在很多变数。当不确定性越来越多，有些人就会想要回到公司刚刚成立时租的那个办公楼里上班，去找之前的领导聊聊之前的岁月。

高速发展带来了太多的不确定性，人们更希望通过怀旧，让自己的心安定下来。

构建一个舒服的怀旧空间

这几年来，国内经济、政治、科技、文化都在高速发展，很多品牌都在借此机会做怀旧营销。

比如，网红餐厅文和友就构建了一个安全、舒适的回忆空间，让人们回到了二十世纪八九十年代。

首先，文和友在装修上让人们感觉仿佛回到了二十世纪八九十年代。文和友的店面设计以老长沙社区为灵感，店内装饰有霓虹灯、复古招牌，还有仿旧迪斯科舞厅、照相馆、理发店、录像厅。这样的设计，不仅方便顾客拍照留念，还能让顾客重温旧时光。

其次，用小时候的味道勾起人们的回忆。文和友以长沙民间小吃为切入点，推出了臭豆腐、小龙虾等多款美食。这里就出现了一个问题，文和友的位置在长沙的海信大厦，而出了海信大厦门口往左走有很多卖小龙虾的商贩，往右走有很多卖炸臭豆腐的商贩，为什么大家宁愿排队，甚至凌晨还要排队去文和友吃呢？只是为了小龙虾吗？只是为了臭豆腐吗？显然不是，大家是在这个怀旧空间内重温老长沙的市井文化，是在找小时候的味道。

小时候不是我们人生中最有钱的时候，也不是发展最好的时候，但却是相对最开心的时候。所以，怀旧的要点不是那个时候大家有没有钱，而是那个时候大家开不开心。

怀旧这个赛道还能跑多久

除了文和友之外，健力宝、武汉二厂汽水、大窑、北冰洋、大白兔等品牌，在怀旧方面也都做得非常好。

如果有人问我，怀旧这个生意还能做多久？我认为，还是要看人们的这种心态能持续多久。如果在未来的一段时间内，人们的内心逐渐安定，那么人们就会更向前看，探索未来的兴趣就会加大，怀旧的动力就会减弱，怀旧生意也会慢慢变差。

因此，我想对品牌说，怀旧现在还有红利，因此一定要抓住机会，并且抓好，抓牢。

具体怎么做呢？可以扩大产品线，尽量覆盖更多消费者。以北冰洋为例，可以在饮料里加椰奶，推出椰奶北冰洋，或者和咖啡结合，推出北冰洋咖啡。

或者，也可以从形状做文章。按照北冰洋最早的瓶子的形状，做成保温杯，我们每天往杯里倒水，就感觉是在往北冰洋里倒水。虽然并不是真有北冰洋的味道，但是可以说我们拿的这个北冰洋的杯子，就是小时候手里拿的那瓶北冰洋。

总之，你要通过多种怀旧方式，在这段红利期内，让用户重新建立习惯，从而尽快获得利润。

有了利润之后，就要尽快去投资下一代年轻人怀旧的东西，推出套餐，一起卖。

每一代人中都至少有一部分人会怀旧。这源于一个残酷的现实：每一代人中都有成功者，但更多的人都相对普通甚至平庸。大部分普通人，最后都会走向怀旧，这是全球刚需、历史刚需，未来还会一直有。

打个比方，90 年代的人怀念北冰洋，00 后就没有办法怀念，因为他们没经历过 90 年代，但是他们一定会怀念 00 年代的东西。那么，你就要找 00 年代的人小的时候喜欢吃的东西、喝的东西、用的东西，做怀旧营销。

当然，也可以借助其他品牌进行联合怀旧，尝试拉开产品线。比如，北冰洋面膜主打保湿，因为保湿主要靠水，营销时可以说，我们将这款面膜敷在脸上的时候，能闻到小时候的橘子汽水味，同时还能保湿。

说到这里，我有一些建议。

第一，怀旧是做内容营销的重要方向，品牌和内容创作者要高度重视，同时要评估其是否可以成为你的主赛道。

第二，即使不能成为你的主赛道，怀旧元素也是在当下一段时间内做内容、做营销需要借助、借力、借势的一个重要因素。

也就是说，如果你主打怀旧，它就是你内容营销的主赛道；如果不是主赛道，做别的内容时也可以加点儿怀旧要素。

个人的怀旧营销如何做才会火

大家在日常生活中，有没有经历过这样的时刻？

某一瞬间，你在某个场景，听谁说了某句话，或者看到某个电视剧，或者吃了某种东西，闻到某种味道……忽然就有一种似曾相识，但又说不出来的感觉。

这个时刻会保持很长时间吗？不会，它往往是一瞬间，稍纵即逝。过后，你再调动自己找那个感觉，却很难再找到了。我让大家如此回想试试，是想告诉大家，激发怀旧的情感并不容易。如果你能够用怀旧催生用户美好的回忆，哪怕是一瞬间，或者一部分，都是极其宝贵的。

物以稀为贵。在内容创作，在营销当中，一定要好好珍惜这种回忆。

怀旧的主要感受是美好

很多人用怀旧引爆内容的时候，还会使用一些流行语，意在勾起人们美好的回忆。

比如"爷青回"，一些人看到沙溢再扮演白展堂，朱茵再扮演紫霞仙子，大呼"爷青回"；还有"回忆杀"，很多店铺在卖80后、90后小时候经常吃的零食，狠狠"杀"了一波回忆。这里，有一点要提醒大家，使用"爷青回"也好，"回忆杀"也罢，或者是其他流行语，其主要感受一定是美好的。

追求美好生活、追求安全感是人类的普世价值，是人类基本需求之一，因此这类内容的消费者基数是比较大的。只要你真的让用户产生怀念过去美好时刻的感觉，就一定会有人买单。

如果你做了怀旧，却没有人买单，只有一个原因，怀旧没有做到位，没有真正催生美好的感受。可能是你选的时间节点不对，可能是你选的代表物品不对，也可能是你选的代表词不对。比如，痛苦的时刻、彷徨的时刻、犹豫的时刻、不知所措的时刻、难过的时刻、心碎的时刻，一定都不是怀旧的主要感受。

为什么呢？从人的感受来说，没有人愿意永远怀念之前的痛苦时刻。想象一下，你在痛苦的时候，要去怀念之前的另一种痛苦，有什么意义呢？是想更加痛苦吗？

品牌在使用怀旧时，也是一样的道理，不要把自己打造成一个负向思维的品牌。如果你是一个焦虑的品牌、心碎的品牌，那一定很难经营下去。

怀旧不一定是回到很久之前

有人可能会说，我明白了，怀旧就是卖人们之前的美好回忆，那我回到很久之前去找回忆，不是更容易成功吗？答案是：那可不一定。卖美好回忆固然没有错，但是并不是说到怀旧，就要回到很久以前。

比如，有些人认为，怀旧上海就是怀念上海最好的时候。那过去的上海，什么时候最好？二十世纪八九十年代。它的代表品类是什么？旗袍。背景音乐是什么？《夜上海》。

那么，回想一下，经过这么多年的实践，有哪个品牌借助旗袍和《夜上海》变得非常知名，极大提高了销量，并提升了利润呢？好像没有。这说明什么？这些怀旧品牌找错了时间节点，只有一小部分消费者，可能会怀念那个时候的上海。

因此，品牌或者内容创作者，在使用怀旧元素的时候，要相对精准地寻找时间区间，不是只要回到很久之前就行。

而且，怀旧的时间并没有严格的限定，只要能给人们创造美好的感觉就可以。

比如说，前段时间抖音平台有一个短视频在一定范围内火了，是福建的兄妹俩唱一首歌，字幕上写着，"这是抖音最初的样子"。抖音是 2016 年出现的，到今天，不到 10 年的时间，就已经有人开始怀旧了。

沿着这个思路，你可以拍一条这样的短视频。刚开始，出现一个 14 岁的小男孩，他刚刚进入青春期，有了自己的第一部手机，下载了一个 APP，叫抖音。然后，他在累的时候刷各种类型的短视频，让自己放松。紧接着，出现字幕"10 年之后"，他 24 岁了，大学毕业开始工作。在工作上，他经常有不顺心的事，每次回家，爸妈还总问挣了多少钱啊，有女朋友吗？这个时候，他想看看抖音当初的样子。注意，看看抖音当初的样子，并不是看抖音，而是看他自己，找回自己当初的感觉。

这说明什么？时代发展太快了，变化太大了，这让他很没有安全感，所以他才会刚过了 10 年就要怀旧。

用户怀念什么就卖什么

确定了用户要回忆的年代之后，最高效的营销，就是追着他们"卖"那个年代的回忆。

这伙人追的是 90 年代，你就追着他们卖 90 年代；那伙人想念的是 80 年代，你就追着他们卖 80 年代。

你的重点是追着他们卖某款产品吗？并不是，你重点要卖给他们的，是那个年代美好的感觉。

按照这个逻辑推论，能够呈现 80 年代感觉的，可不只是饮料。只要能给用户 80 年代的美好感觉，他们就会买相关的产品、相关的内容、相关的服务。

比如，你是一家图书出版服务公司的老板，想与各个行业有成就的作者合作。这些作者的年龄大概在 40 岁，你就要想一下他们小时候读书的样子。

他们年轻的时候是 20 多年前了，也就是 2000 年左右。你要想一下，那个时候，每个人都有书房吗，书房是什么样子，流行什么书？

你按照那个年代的风格去设计书房的样子，摆上他们喜欢看的书，营造出氛围感。潜台词就是，你是从那个年代来的，是他们的同龄人，你能理解他们。书是他们的传家宝，书是他们的代表作，让我们一起回到对书珍视的那个年代，一起合作出书，共同用心去打造一本代表作。

怀旧是一个值得长期做的生意，也是内容创作的长期主题之一。

但是，要记得，怀旧的底层逻辑是催生安全感，是营造美好的感觉，不一定拘泥于具体的产品和服务，要有能力越过具体产品和品类，找到明确的营造安全感和美好情绪的情感点，并且用明确的表述去概括它。这样，你在做内容、做营销的时候，就可以去争取，去扩散，去嫁接。

做营销之前，不妨想象一下，00后、05后长大之后，他们会怀旧哪些品牌、哪些人物、哪些电视剧？

本章小结：如何用"怀旧"引爆内容

每一个人心里都有一个美好的空间，一个柔软的地方，一个只有自己知道的安全小屋。

怀旧情绪能帮助大众回到那个美好的时刻，进入那个美好的空间。让他们在不知所措的时候、痛苦的时候、心碎的时候，回到那个安全美好的小屋，让心灵得到安慰，增强他们对困难的承受力，使他们更好地活在当下，并且有更大的勇气展望未来。

怀旧，怀念美好的感觉，对每个人来说都极其珍贵。作为内容生产者和营销工作者，要借用怀旧情绪、怀旧内容、怀旧产品、怀旧服务、怀旧项目，去勾起受众的美好情感，进而产生心理连接，筛选核心受众与核心消费者，吸引新尝试者，并促成反复购买。

内容营销引爆点四

社交——

社牛、社恐背后的营销逻辑

"社交"如何引爆影视娱乐圈

这一章，我们主要聊聊社交。

社交，对人来说是刚需。为什么？很简单，人是社会性动物，人是社会关系的总和。

社交的要点，是人与人的关系

在影视作品里，有一个类型片叫真人秀，而我们看真人秀主要看的就是社交。

简单说，观众看的就是你和他人的关系在这段过程中有哪些变化。比如，你是怎么坚持自己的，或者是怎么调整自己的；对方是怎么坚持他自己的，怎么调整他自己的；你们之间是怎么互动的，最后的结果是什么，这个结果怎么进一步影响你们各自对自己的判断和对人际关系的判断；等等。

早期，类似内容的代表作有 1999 年开播的《老大哥》。这是荷兰的一档社会实验观察类真人秀节目。参赛者生活在一个特别设计的房子里，每一个行动都由摄像机和麦克风记录。他们不被允许与外界接触，而且必须在规定的时间、规定的地点完成任务。观众在看的，就是节目过程中这些人之间的关系。

国内也有同类型的节目，比如《我们15个》，这是我们和腾讯视频合作做的国内最早的社交实验观察类节目。这几年，腾讯视频做的《五十公里桃花坞》也很出挑，也是在延续这个方向。

当时，做《我们15个》这个节目的时候，我们在杭州附近的山里搭建了一个封闭的区域，请了15位不同职业、不同性格、不同情感的素人，让他们互相交流、互相合作、互相协调，看他们之间的关系。

同样做社交类型的节目《五十公里桃花坞》也是选择了不同年龄、不同身份、不同性格的人，组成了一个社区，看他们之间是怎么进行交流与合作的。

这些节目都抓住了社交引爆点，社交的要点就是人与人之间的关系。

社交内容是帮受众寻找同类

那人与人之间的社交有几种方向和路径呢？人致可以分为血缘、地缘、年龄、性别、文化、经济等社会关系分析的维度。其中，我们举几个例子。

第一种，血缘关系。

比如家庭内部和家庭之间的社会关系，母子之间的关系、父子之间的关系、兄弟姐妹之间的相处、亲戚之间的交往，等等。

其中有很多话题都已经爆过。像是过年回家，亲戚问：你结婚了吗，你挣多少钱？有些年轻人会被迫接受"盘问"，也有些年轻人会直接反问，你儿子挣多少钱？你退休金多少钱？

这样的内容呈现，让受众看到了亲戚之间不同的社交方式。

如果设计一档综艺节目，想要加入血缘关系，可以找两兄弟和两姐妹相亲，看一看两兄弟会不会喜欢同一个女孩儿；两姐妹会不会喜欢同一个男孩儿；如果两个姐妹喜欢同一个男孩儿了，两姐妹之间的关系会怎么样？也许可以从中观察到一些社会现象和态度。

第二种，社会身份中的不同关系，即看不同社会身份的人是如何处理社会关系的。

比如职场关系，领导和下属、求职者和 HR 或同事之间等，《令人心动的 offer》就是讨论职场关系的典型代表。

或者警民关系。比如，派出所的民警戴着一个摄像头，看看这一天都会发生什么事儿。谁家的猫丢了，谁家的小孩走丢了，夫妻俩吵架了，都是很琐碎的事情，但真实体现了警民关系。这样的节目，受众在看什么？看的是一线社会工作人员如何为老百姓解决现实问题。

第三种，年龄或性别的关系，可以相同也可以不同，形成各种视角，这在影视娱乐节目中是最常见的。

其中，同龄人可以从年龄角度分，可以从性别角度分，也可以从社会身份角度分，还可以从目的角度分。同龄人之间的话题有很多，或者恋爱，或者参加比赛，或者学习，或者旅行，或者工作，或者交朋友。

比如，从性别来看，《极限挑战》属于户外竞技类，参与的都是男嘉宾，观众看的是男性之间如何交流、如何合作、如何竞争；而《花样爷爷》是从年龄角度，讲的是老一代人出去旅行会有哪些趣事，关系会有哪些变化。

以上举例的这三种类型的关系，无论从血缘角度，从社会身份角度，还是从年龄角度，观众都是在看人与人之间的协同、人与人之间的冲突，以及起冲突之后是如何解决的。

实际上，观众在看的时候，主要是看自己和节目嘉宾的相同与不同。如果有相同点，就会觉得心有戚戚，"我们俩是一路人"。如果是不同的，观众可能会有两种态度。

一种态度是想：这个人怎么这么坏？这人找对象的角度怎么是这样的？毕竟大家是一块儿出来玩儿的，这个人旅行的时候怎么不能妥协一下呢？这就相当于，观众找到了一个反对的靶子。

另一种态度是想：世界上真有这样的人啊，怎么会有这样的人呢？这就成了观众的一个社交话题，第二天上班或上学的时候，他可以跟他的朋友们说：你知道吗？我昨天看了一个节目，里边有个人一点儿都不合群，也太奇怪了。

　　注意，观众在自己真实的社交关系当中，用社交类内容做社交话题，目的是什么？是要找对应关系，是在测试我倾诉的这个人和我是不是有共同的兴趣和共同价值观。

　　在现实生活中，你要和一个人成为朋友，会怎么做？一般是，先表达一下自己的目的，再碰撞一下价值观。

　　当然，价值观不能直接摆出来说，比如，我的价值观一共6大项，具体可以拆成15个小项，你的价值观一共几项？咱们逐项对一下，如果超过80%，我认为咱俩就可以成为好朋友。在现实生活里，我们不能也不会这样操作。

　　人们常用的方法是聚会聊天，英语中叫"small talk"，可以问对方：你爱听什么歌，有一个八卦你知道吗？你要是有兴趣，咱俩基本上就有话题可以聊，有了共同话题，后面就会越聊越亲近。

　　总的来说，社交类的内容是在帮助观众寻找同类。

　　我们发朋友圈的目的也是如此。一般来说，我们发完朋友圈以后会等什么？看有没有评论、有没有点赞，而且默认点赞评论的那个人就是自己的同类。时间长了，我们会对那个常点赞的人印象很深刻，越来越熟悉，甚至有点儿亲近。

　　反过来说，如果我们想和那个人交朋友，或者跟他建立某种联系，超简单的方法就是经常顺手给他点个赞，这就足以跟他产生一定的弱社交关系。

基于三个维度做好社交内容

如果你想做社交内容，明确的工作方法是：基于生理指标、社会身份指标、心理指标或态度指标等，做各种排列组合，进行人设安排。举例如下。

生理指标：生理指标是一个人固有的外在特征，很容易成为衡量标准。

比如身高，你可以找 5 个一米八及以上的男生，再找 5 个一米八以下的男生，做一档节目；或者做男女生之间的社交类内容，找 5 个高矮不均的男生，再找 5 个高矮不均的女生，看身高对社交关系有没有影响。

生理指标还有很多，比如胖的和瘦的、眼睛大的和眼睛小的、鼻梁高的和低的，都是可以进行排列组合的。

社会身份指标：我们在不同的场景下，会有不同的身份，比如在学校的场景，职场的场景，小区的场景，等等。

北京电视台有一档调解类节目《向前一步》。表面上，观众是看整个社区居民的讨论与决策：我们小区要不要加电梯；我们小区物业好不好，要不要换一个；我们小区电箱的配电盘功率不够，要不要大家一起出钱换一个？

实际上观众看的是什么？是社会关系。每次讨论都会出现某些问题，有人同意，有人反对，然后大家就开始争论，三号楼的跟四号楼争起来了，五号楼的和六号楼的吵起来了。观众在看的时候，就是在看他们与自己相同和不同的地方。

心理指标：心理指标是前两个指标的结合，操作起来更难。

比如，做一档好朋友的节目，朋友在一定程度上有相同的价值观、相同的兴趣爱好，但是要给他们设置一个极端环境，再看看好朋友之间有没有翻脸或者闹掰的可能，心理上会有什么变化。

或者，做一档恋人的节目，看看他们是怎么相处的，是怎么沟通的，遇到问题是怎么解决的。

比如，《幸福三重奏》找了三组夫妇，在无干扰的环境中，真实记录他们分别在二人世界中自然的生活状态，看他们如何处理亲密关系。

当然，心理指标也可以是陌生人之间的关系。比如，找一些有共同兴趣爱好的陌生人，聚在一起，由此去洞察，社交关系中有共同兴趣的人，是不是就一定有共同的价值观。

我们围绕这三个指标，进行不同方式的排列组合，就可以策划出很多长短不同的内容。但请记住，内容一定要从社交话题出发，用故事围绕着，用人设表现着，用情节放大着，用冲突强化着，引发受众更多的共情和思考。

品牌玩转"社交"营销的那些秘诀

很多品牌，都是靠做社交营销起家、发家的。比如，微信是熟人社交的标准案例，拼多多的"砍一刀"也是熟人社交。当然，也有做陌生人社交的，比如陌陌、探探、微博。

社交关系的前提是认知

物以类聚，人以群分。人到底是因为什么聚在一起的呢？

有人说，因为有共同的兴趣爱好；有人说，我们是一个班的、一个公司的，所以聚到了一起；还有人说，我们的世界观、人生观、价值观比较契合。

其实，各种聚在一起的方式都有一定道理，你觉得哪种方式的社会关系最牢固、最坚定、最长远？毫无疑问，是用三观凝聚在一起的社会关系。

举个例子，你跟你的男朋友是同班同学，经常在一起吃饭聊天，逐渐发现兴趣爱好一致，感觉很契合，就开始交往。但是，等毕业之后，两个人在不同的城市，就渐行渐远了，根本原因是什么呢？

因为毕业、工作之后的很多事情并不是你们一起经历的。你们遇到了不同的人、不同的事，接收了不同的信息，这些都对你们的三观逐渐产生了一定的影响。这个时候，你们如果不进行频繁的交流和信息对齐，三观就会变得不一样。三观一旦不一致，就很容易吵架。

很多人曾经反驳过我：吵架是因为利益不一致，与三观不一致无关。这种观点其实忽略了利益背后的深层次逻辑——利益不一致的本质就是三观不同。

比如，有位女性向我咨询说，丈夫经常带着她和婆婆出去玩，恰巧她和婆婆都晕车，但丈夫每次都让婆婆坐在副驾驶座，让她坐在后排。她因此很不开心，而她的不开心又引发了丈夫的不开心，于是两人开始吵架。在妻子看来，根源问题是丈夫损害了她坐副驾驶座的利益。

先假设这确实是一个利益问题。那最好的解决方案是什么？一定是协同利益！要保护双方的利益，就一定要进行协商，谈判自然必不可少。既然要谈判，那这就注定是一个非常理性的过程。

就像是在菜市场买肉，本质也是谈判。

顾客：你这肉多少钱一斤？

老板：20。

顾客：20也太贵了，15吧。

老板：15可卖不了。别说了，最低18。

顾客：18我可买不了，你要17我马上买。

老板：那就17。

这是很理性的一个谈判过程，双方都在妥协，最终达成一个彼此都能接受的结果，没有人会因为正常的讨价还价而大发雷霆。

还是菜市场买肉的场景，如果换一种方式，结果就不一样了。

顾客：你这肉多少钱一斤？

老板：20。

顾客：20？你也太黑了，怎么能卖20？你说得出口吗？你要脸吗？15。

老板：15？你怎么想的？你怎么好意思张口？

谈判过程中，双方如果用"怎么好意思""怎么说得出口"，甚至"不要脸"等话语攻击对方，就是不理性的，就把一个利益问题变成了道德问题。

当你把一个利益问题变成了道德问题，就可能开启吵架之路。

回到妻子要坐副驾驶座的问题上，如果只是利益问题，那丈夫妥协一下，妻子也妥协一下，解决了不就可以了吗？

怎么妥协呢？我们继续对话。

咨询者：买两辆车，一人开一辆。

我：买车不是买菜，首先，你们得有这个条件；其次，再买一辆车事实上侵犯了你的利益，因为买车的钱是夫妻共同财产，你愿意吗？

咨询者：他凭什么花我的钱？

我："他凭什么花我的钱？"这句话听起来是个利益问题，实际上是个道德问题。你婆婆要花你的钱，你同意吗？

咨询者：我不同意。我的钱只有我自己能花。

我：你最爱的人要花你的钱，你同意吗？

咨询者：那是可以给他花的。

我：你孩子要花你的钱，说妈妈我要买一辆车，你同意吗？

咨询者：也会同意。

我：同一款车，同一个价格，为什么对你的孩子就同意？对婆婆就不同意呢？只是利益问题吗？真正驱动你同意和不同意的根源是什么？

咨询者：我觉得，我婆婆就不应该花我的钱，我孩子可以花我的钱。

我：婆婆为什么不应该花你的钱？

咨询者：她没养过我一天，为什么要花我的钱？

我：没养过你的人就不能花你的钱，这只是利益问题吗？

咨询者：是我的观念，是认知问题。

说到这里，这位妻子自己就找到了问题的根源所在。

其实，根据我们讲过的认知行为理论，也能做出很好的洞察。

事情是坐副驾驶座，反应是生气导致吵架，你以为这两者之间是直接联系的，只要解决谁坐副驾驶座的问题就好了，但其实真正的问题是认知问题。

所以，人类的社交关系，首先解决什么？认知问题。不改变认知，无法改变行为；不改变认知，无法做营销。而内容，是最好的影响认知的方法和路径。

那这个问题怎么解决呢?

丈夫快点儿挣钱再买辆车,而且在不侵害夫妻已有共同财产的情况下买第二辆车。这是一个解决方法,但是也没有好到哪里去,为什么?在不侵犯已有夫妻共同财产的情况下,丈夫新挣的钱也是共同财产,妻子还是会认为利益里有她的一份。

从利益的角度来讲,这件事是部分有解;如果他们认知相近,去谈利益,这件事是可能有解,但不一定完全有解;如果他们认知不一致,甚至完全相悖,这时候谈利益,那就是四个字,水火不容。

影响人的认知,才能影响人的行为

对妻子来说,副驾驶座问题的最好解决方法,一方面是用各种行为影响老公的认知,另一方面是用不同的认知去影响他的行为。

首先,作为儿媳妇,需要尊重儿子对母亲的高度重视。

重视母亲的人,对妻子不会太差。她可以真心地表扬他:"老公,你对妈妈这么好,我其实很开心。我也是因为你对妈妈好、对家人好,才确信你将来会对我好,会对我们的孩子好,我才发自内心地认可你这个人。"

接下来,统一认知。

"老公,你不是孩子了,你是成年人了。在成年人的世界里,第一关系不是母子关系,而是夫妻关系。这是夫妻俩要统一的认知。"

确定好之后，再进行协商。

"夫妻关系虽然很重要，也不代表你什么事都要听我的，我们得相互尊重、相互关爱、相互扶持。我接受妈妈坐在副驾驶座，但有的时候是不是也要让我坐一坐呢？"

品牌做内容的逻辑也是如此，只有影响人的认知，才能影响人的行为。你如果没有把目标受众放在第一位，而且没有与他们形成共同的认知，那你就无法对他们产生任何影响，他们肯定不会买单。

所以，你要先用行为和语言让目标受众知道他们是第一位的，然后再统一认知，那他们就不会从各个方面去怀疑、去验证，反而会增强对品牌的认可和黏性。

不同的社交关系，对应不同的产品定位

能吸引用户的品牌一定有准确的定位。

从社交关系角度做定位之前，我们要思考一个问题：一般情况下，有没有人不想社交？人是社会动物，总需要得到别人的认可，基本上都有社交的需求。

在社交的时候，人们的表现大致可以分成两类，用现在的流行语说，一类是"社恐"，一类是"社牛"。

所谓的"社恐"，其具体表现有两种可能：一种是他曾经想要跟人社交，但受到过伤害，从此缩回到自己的安全区；另一种他是真的不会社交，或因为原生家庭，或因为个性特质，本来就不怎么会说话，不怎么会来事儿。

　　"社牛"的具体表现也有两种可能：一种是他主观上特别愿意跟别人聊天，这样做的目的主要是寻求认同；另一种是他本身没有那么喜欢社交，而是受利益驱动，认为通过社交可以获得更多利益才去广泛社交。

　　拼多多的"砍一刀"就属于社交中的利益驱动。但它对"社恐"的人吸引力并不大。"社恐"的人本身就很腼腆，平常不爱跟别人聊天。现在让他给别人发一个砍价的链接，对他来说比较困难。

　　对于品牌来说，根据"社恐"和"社牛"的四种不同表现，可以把产品划分为四个象限，这就已经是四个产品定位了。在做宣传语和拍宣传视频的时候，一定要做得细致又精准，被影响的人才会觉得心有戚戚，"没错，这个说的就是我"。这样的营销才是有效果的。

　　我在前文也提到过，做营销其实最讲究"人人心中有，人人笔下无"。当受众心里有点儿感觉但表达不出来，或者有一些不够结构化、没想明白的事儿，你帮他说出来了，他就会心有戚戚或者恍然大悟。

　　营销是在架桥，是在做匹配，没有绝对的好与坏，只有合适的才是最好的。这四个类别，一定有适合你的品牌的区间。确定了产品定位之后，你的内容策略、营销方案、营销行动都要根据受众的不同需求去制订，才能实现销量提高。

　　从用户的角度出发，有两个方法可以去做。一个方法，是拉新。

比如，你经营了一家火锅店，可以在店里新开一个区域，专门为"社恐"人士准备。这其实就是在拉新，以前没来过的"社恐"用户就都来了，就实现了收入增加。另一个方法，是复购。也就是让吃过这个火锅的人再来吃，吃两次以及更多次，收入也能实现增加。比如，减少用餐过程中外界对顾客的打扰，那些因为有个人空间而来的消费者会感觉挺好，下次就会再来。

这里要注意的是，一定不要做反动作。

你专门为"社恐"人士划了一个区域，结果他们来的时候，为表重视，开始为他们提供"社牛"服务："您需要什么，筷子要吗，需要我帮您烫毛肚吗？我给您跳个舞吧……"这类行为对"社恐"的人来说是灾难性的，简直尴尬得用脚能抠出"三室一厅"，他们就再也不会来了。

怎么用"社交"流行语引爆营销

在社交层面，有许多流行语，比如"社恐""社牛""社交悍匪""社死""显眼包"等。这些不同的词是对社交属性的不同定义。

对于这些流行语，有一个观察视角叫"用户视角"。从用户视角出发，对做内容、做营销很有帮助。

从用户视角去理解流行语

什么叫用户视角？就是理解一下这个词是谁对谁说的，说话的人是谁，目的是说给谁听。

"社恐"

"社恐"是谁在说？是"社牛"人士给不擅长、不喜欢社交的人贴的标签：你这人怎么社恐啊。

"社牛"

同理，"社牛"也就是表现相对内向的人在说那些表现外向的人。

"社交悍匪"

"社交悍匪"，是比"社牛"人士还善于社交的人。

"社死"

我们假设一个社交场景。如果我是"社牛"人士，去参加一个活动，对于大多数嘉宾我都只是听说过，但没见过。我看到刘总后就迎上去："刘总好啊，您是哪里人呢？"刘总不太爱搭理我，含含糊糊说自己是北方的。我看到他旁边是李总，又问李总是哪里人呀？李总一看刘总都不搭理我，再加上觉得我这个人挺烦，就说："不好意思，我有点儿事，先失陪了。"

在我是"社牛"人士的前提下，我是不会认为自己"社死"了的。我认为，主动打招呼是很正常的事情，但是这个人怎么走了？我的感觉是：我没有问题，是他们有问题。

那"社死"到底是谁说谁呢？是"社恐"人士在说另一个"社恐"人士：假设我跟他一样，我得"社死"。如果说的是自己：这次怎么这么尴尬，真是抠出了三室一厅，简直是"社死"现场。

搭子

这个词，是"社牛""社恐"的人都会说的。我要是"社牛"的人，找另一个"社牛"的人一起吃饭，一起上班，一起聊八卦。我要是"社恐"的人，就找另一个"社恐"的人，一起逛街，一起出去玩。

显眼包

显眼包，是"社恐"的人说"社牛"的人：这么多人都没那么活跃，就他一个人特立独行，真是一个显眼包。

用流行语要注意用户类型

我们在做内容和营销的时候，要特别注意用户的类型。如果选错方向，对品牌、对个人、对作品来说都是毁灭性的。

在做内容的时候，我们一定要仔细甄别流行语的含义，拿捏好度。否则，就失之毫厘，谬以千里了。

就拿"社牛"和"社交悍匪"来说，即使都是形容善于社交，其中却有"度"的差别。我们要想清楚，内容是做到针对"社牛"就行了，还是凸显出差异化，要做到"社交悍匪"的程度。比如说，你想用"社交悍匪"做营销，这个时候，你的营销策略和营销动作就一定要跟得上、跟得准。

"社交悍匪"对应的色彩风格应该是什么？恐怕不能用莫兰迪色，大概率得用鲜艳的、明亮的颜色。

外观是什么样呢？也可能是更简洁的，一目了然的。要是设计了很多细节，用户就得看半天，慢慢地品味。但是，"社交悍匪"不需要慢慢品味，他们要一眼就看得到、看得懂，当即就能达成合作。

而且，社交动作也得契合"社交悍匪"，比如不能设置过多环节或者复杂的流程。

那种细致的、需要慢慢品味的营销动作更适合"社恐"人士。他们平常社交很少，都是独处，先独自感受一下第一步，感觉很有意思，探索到第二步，又会有新的发现，还有奖励，于是接着做第三步……他们就会愿意一直参与下去。

别像"钢铁直男"一样钝感

社交流行语是在一个时间段内比较流行的词，内容和营销工作者要时刻保持敏感度，才能跟上流行语更新的脚步。如果像惹了女生生气都不知道原因的"钢铁直男"一样钝感，往往很难做出好的内容。

"钢铁直男"看到女生生气了，一般最直接的想法是："我没说什么呀，你怎么了？"

其实，一般情况下，女孩子生气分两个阶段。第一阶段，埋怨对方怎么能这样做，惹得自己不开心了。其实，这个时候，女孩子还没有真的很生气，可能只是需要哄一哄，把事情解释一下。但是，男生没哄，也没解释，这才引发了第二阶段的生气。第一层的隐含意思是：没想到你对我这么不了解，我生气了你也没感觉。然后，留下"钢铁直男"继续思考：这是怎么回事儿啊？我什么也没说，什么也没做呀，她为什么生气呀？

做内容、做营销、做品牌的人，如果像"钢铁直男"一样对待自己的用户，用户就会不断减少。当消费者用行为表达不满的时候，品牌方还一头雾水："怎么了？我该给的优惠都给了，产品的功能也都齐全，你怎么还投诉我？"这样的态度会让消费者更生气。如果品牌方还公开回应或者找有权威、有公信力的人帮品牌站台，指责消费者不对，那么就会彻底点燃消费者的怒火。

这样的事情屡见不鲜。

一个品牌邀请了一位知名演员做代言，发布了一条广告，没想到广告内容被爆出来抄袭。这时，网友已经开始生气了。品牌方的回应是："我没有全文抄。你们可以统计一下，这段话一共多少字，我跟对方相同的字有多少？抄袭是怎么定义的？这个比例符合抄袭的定义吗？"紧接着又解释："我们没有抄袭，我们的广告是有供应商的。我们是花钱请人来做的，所以不是我们的错。"网友就更生气了。

那位打工人辛辛苦苦想的创意，不仅没拿到钱，被抄袭后连一句道歉也没有得到。所以，无论是利益上，还是道义上，品牌都在欺压他。

打工人被欺压，立即站出来的人是谁？一大批打工人。也就是说，这些打工人对那个打工人产生了共情，你要解决的是共情这个核心点。

　　因此，做内容和营销要保持高敏感度，不要做"钢铁直男"，要找到消费者真正在意的点，去重视它，才能维持好的品牌形象。

你也可以借助"社交"轻松破圈

　　狭义的社交是指人与人如何建立关系，可以通过"社牛"的方法，也可以通过"社恐"的方法。而在内容和营销领域，社交是指通过人与人建立关系的渠道、方式，去影响目标受众对品牌或者内容的认知。

社交定位要聚焦

　　与传统媒体时代相比，在移动互联网时代，每个人接收的信息量都会呈几何级数增长。信息一旦过载，人的大脑就处理不了了。

　　对于处理不了的信息，大脑的第一反应就是屏蔽。

　　面对这样一个媒体环境、内容环境、营销环境，我们只能主打极致的差异化、极致的细分，这是我们认为的直线和捷径。

　　如果人也是一款产品、一个品牌，那你也可以选择合适的社交定位，或者走"社牛"人设，或者走"社恐"人设，打造自己的核心卖点。

　　众所周知，谢娜就是一位妥妥的"社牛"人士。我记得第一次和谢娜合作还是在十几年前。当时，我们并购了《OK！精彩》杂志，杂志社要开年会，需要请一位主持人，说是邀请了湖南卫视的主持人谢娜。年会开始后，我发现谢娜性格开朗活泼，喜欢说说笑笑，给这个原本比较正式又略显拘谨的年会增加了很多欢乐，展现了与其他主持人不同的辨识度和记忆点。慢慢地，谢娜逐渐成了"社牛"型社交方式的代言人。

如果有一天，谢娜要走严肃一些的主持路线，不跟台下的嘉宾开玩笑了，也不跟旁边的人聊天了，这就相当于产品定位发生了重大偏移。这样一来，人们对"社牛"的心理投射可能会转到另一个对象身上。

因此，无论你是个人 IP 运营者，还是内容创作者，要想借助社交的方式轻松破圈，一定要想好自己在社交关系中的定位。然后，根据这个定位设计产品内容或品牌形象：是"社牛"还是"社恐"的，是"社牛"里哪一类，是"社恐"里的哪一类？确定好之后，再想想有哪些具体动作可以支持这个定位。

比方说，你的产品是一款国外的、面向青春期少女的化妆品，主打的功能是保湿，目标消费者是"社恐"的女孩。那你就要想，"社恐"的女孩为什么要用这款化妆品？"社恐"的女孩用了这款化妆品之后有没有新的社交要求？

这款化妆品可以满足"社恐"女孩的一个隐含需求，即她们在用了这款化妆品以后，原来不善交际的情况可以在一定程度上得到改善。如果产品是这样的定位，你在营销时就要明确指出：通过这款化妆品，我们会帮"社恐"女孩们建立一个相对有安全感的社交场景，享受轻松和无压力的社交。

尊重社交优势，把长板做更长

个人 IP 想要破圈也可以用一样的方法。你要先有自己的定位和人设，然后再采取相应的行动。可能有人会问，那到底是"社牛"人设好，还是"社恐"人设好呢？其实任何事情都没有绝对的好坏之分，二者都可以选择，但核心要点是要符合自己的内心，符合真实的自己，这样才能把自己的社交特质发挥到极致。

做个人 IP，要想真正发挥优势，那就要尊重自己的优势，把长板做得更长。

你要是真"社恐"，就"社恐"到底，甚至把自己打造成中国"社恐"第一人，那也能成一块"金字招牌"。

比如，毛不易是在众多明星中走"社恐"路线的一位，他在节目中也真实展现了"社恐"的特质。他和李雪琴合作主持了一档场景化真人秀节目《毛雪汪》。他们在一个小房间里，就像两只小仓鼠缩在一个小洞穴里，这是符合"社恐"的设定的。然后，每期节目都会邀请一位或多位嘉宾来做客，李雪琴的表现很热情，寻找各种话题聊天；毛不易却不一样，他好像在说："我也不知道说什么，那我强行问你个问题吧。"给人的感觉是，他虽然是这个节目的常驻嘉宾，却还是十分紧张，总是觉得自己没有准备好。

无论是"社牛"还是"社恐"，你只要坚持自己的定位，做符合定位和形象的事情，就会吸引到特定的受众。

比如，自己明明是"社恐"的人，却非要强迫自己去跟别人社交，还学习各种技巧。这样做，很大程度上是在无谓地消耗自己。

你是"社恐"的人，想学"社牛"技巧，学得就一定比"社牛"的人慢，需要耗费更多的时间，也很难形成个人优势。而且，"社恐"明明是最适合你的标签，你却要把它撕掉，失去了自己的最大卖点。

所以，归根结底一句话：做差异化，让自己做到细分领域的第一名，这就够了。

本章小结：如何用"社交"引爆内容

社交是人类生活的必需品。你要用社交去引爆内容，就必须先了解受众，认真分析，再设计具体定位。而"社牛"和"社恐"，都是我们建议的具体定位。

在设计内容和营销的时候，一定要基于自己的真实情况去选择，展现真实的内心，因为社交场合比其他场合更容易流露出人的本心。如果你"社恐"，就坚定地展现"社恐"的一面；如果你"社牛"，就专一地打造"社牛"人设。如果你依靠打造虚假人设来吸引受众，时间一长，终究是藏不住的。既然纸包不住火，还不如一开始就展现最真实的自己。也许会走得慢一些，但是方向没错，结果也就差不了。

内容营销引爆点五

反说教、反权威——

年轻人要建立自己的新规划

反说教与权威背后的原因

当下，非常流行一个词，"爹味"。本来，"爹味"的意思是一个人身上具有类似老父亲的特质，这种特质体现为外表和内在都充满父爱，给人一种成熟、稳重的感觉。

但是，现在这个词有了一些新的隐含意思，它被用来形容那些过度自信、喜欢对他人进行说教的人，尤其是大男子主义、以自我为中心、缺乏同理心的男性。这些人可能会在不了解情况的前提下就给别人提供建议，或者用一种居高临下的态度对待他人，无视对方的实际情况和感受。所以，现在不少人都在反"爹味"。

反说教和权威是新一轮热点

今天的中国发生着日新月异的变化，社会结构和经济结构在不断调整，技术手段不断更新优化。在这种现实情况下，我们还能只遵循之前的规律去做事吗？新一代年轻人需要不断探索属于当下的规律。从这个角度来说，反说教和权威不是情绪上的问题，也不是两代人的冲突，反说教和权威的本质是传统观念的再一次革新，这可以引起当代年轻人的共鸣。

老一辈或年长者，或者占据一定社会资源的人，不仅要有包容的心态，还要躬身入局，跟年轻人站在一起，鼓励他们、支持他们、陪伴他们去寻找新的规律。

对内容和营销工作者来说，反说教和权威也是一条可以长期耕耘的赛道，这其中蕴含了很多有创意、需创新、可创业的商业机会。

反说教和权威短视频的创意推导

有人说，自从知道"爹味"这个词，并且被别人用这个词评价自己之后，就感觉它很负面，不想再听到这个词。这样的感受是对"爹味"这个词进行了道德评价，是做内容、做营销的一个很大的误区。

我们在做内容、做营销时，如果一开始就对某个词、某个人、某个状态先进行一番道德评价，无疑会阻碍甚至打击创意的蓬勃生成。当然，有了很多创意之后，再进行多重考虑和选择也是必要的。所谓"讨论无禁区，宣传有纪律"，说的就是这个道理。

同样，我们一旦先对"爹味"进行道德评价，甚至都还没有讨论过什么是"爹味"、跟"爹味"有关的概念是什么、这些概念当中有没有形成营销方案的可能性等，就想摒弃"爹味"，这相当于把"爹味"背后的很多可能性都放弃了。

反说教和权威背后有哪些深意

在不对"爹味"进行道德评价的前提下，我们来分析一下这个词背后的底层逻辑，思考一下人们反对的"爹味"到底是什么。

做内容和做营销，第一步都是了解用户的心声。我们不能坐在办公室里猜，更不能只凭连续开会和案头作业，要多到一线，直接听取用户意见，直接收集原始数据。或者，你也可以充分发挥群体的智慧，群体的智慧背后就是数据量，数据量代表的是信息量。

说到"爹味"，你会联想到哪些话？我之前和一个小组的同学们座谈，现场收集了 6 个人的想法。他们的回答有：说教、唠叨、啰唆、教、指责、否定、父爱、过度关心、强加想法、强势、固执、要求多、苍老、过时、古怪、古板、吹毛求疵、怀旧、苦口婆心、自以为是、刻板、为你好、听我的、要强、硬撑、严肃、包容、责任、靠山、安全感、权威、默默关心、不善言辞……

这些回答看起来是零散的，缺乏逻辑，实际上，这些即兴的回答才是真正值得研究的。在没有任何干预的情况下，即兴表达往往是人们内心的真实想法。

但是，人们在即兴表达的时候，语言表达不一定好，用词不一定那么准确。这是我们在后面第二个步骤里要解决的问题，即把收集到的信息进行结构化处理。

比如，这 6 个人的回答构成了一个小型样本库，我们可以从多个维度进行分类，包括年龄维度、身份维度、正负面维度等。当你把这些信息结构化以后，就能更准确地理解什么是"爹味"了。

反说教和权威类短视频的创作逻辑

把这些信息结构化整理以后，还有一个关键的步骤，也是短视频创作的一个思路，那就是赋予其内在逻辑。

这些信息只是表面上看起来毫无逻辑，实际是有内在联系的。举个例子，"说教""父爱""为你好"，看似毫无关系，但可以将其归纳为：因为有"父爱"，所以才会"说教"，而"说教"是"为你好"。

顺着这一条逻辑线，就能创作一条短视频了。比方说，秋天开始降温了，爸爸说："天气太冷了，你得穿秋裤啊，不穿秋裤等老了就会腿疼。"孩子一听到这些话就很烦。一反转，爸爸在柜子里翻东西，一边翻还一边说："明明就在这儿的，怎么找不到了呢？"从这里可以看出，爸爸之所以说教，是因为爱。

还有另一种思路，父亲对孩子进行了说教，但是属于过度关心。过度关心也存在多种表现方式：一种是语言过度，即只是一味地啰唆唠叨，没有太多行为；另一种是行为过度，即话很少，但是一直在马不停蹄地干。

比如，孩子过完年要去北京上班了，爸爸说带点儿水果路上吃。孩子想的是带几个苹果就行了，结果爸爸说："等会儿，再拿几个梨。"孩子以为装完梨就结束了，"等会儿，还有几个橘子。"爸爸就这样一直往车里塞东西，但是什么也不说。这就是语言上没有唠叨，但行为是过度的。

"古板"和"强加想法"也有一定的内在联系。因为自己古板，不想改变，所以硬要对方变，这个就是强加的过程。顺着这个逻辑，也可以梳理出多条故事线。当你为这些看似零散的素材赋予内在逻辑之后，就可以拍摄很多条不同方向的短视频。

创意应该是内容策略的外化表现形式，可是，现在很多团队都过度关注创意的外在形式和数量。比如，A 品牌的定位是反说教、反权威，品牌方找了 100 位自媒体达人来拍短视频，每个人拍一条。但是，品牌方并没给出具体想法和要求，这些达人就自顾自地开始拍摄。这样的营销方法并不是真正地有创意，数量堆砌出来的效果也很不可控。

做内容和做营销不能只靠拍脑袋想创意，要真正洞察受众的心理，从情绪、态度、价值观出发，思考内在逻辑，才能创作出真正说到用户心坎里的内容。

影视作品背后的逻辑

反说教、反权威、反传统是内容行业的一个重要主题，也逐渐在影视娱乐作品中崭露头角，甚至成了一个类型片。这种类型片，以挑战传统家权观念、强调个体独立与平等为核心主题，通过引人入胜的故事情节和深入人心的角色塑造，展现年轻人的精神内涵。

《都挺好》就是典型的反传统家长观念的电视剧。在剧中，苏大强是一些传统家长的代表。他不但以自我为中心，还固执己见，对孩子的成长和生活漠不关心，一出现问题就逃避。他有很多"名场面"，比如一定要跟儿子苏明哲去美国，一定要买一套三室一厅的大房子，要和保姆蔡根花结婚，等等。这些行为和想法都显得他无理取闹且固执己见，完全不在乎孩子的想法。

这些行为不仅让子女们感到无奈和疲惫，也让观众看到了传统家庭观念中父亲角色的局限性和问题。

苏明哲是苏大强的大儿子，他的性格和行为也受到了父亲的影响。作为家中的长子，苏明哲深受传统家庭观念的影响，非常重视自己的"面子"。他在海外留学并小有成就后也常常炫耀自己，并以此来彰显父亲苏大强的教育有方。然而，这种"面子"观念也让他在面对家庭问题时显得犹豫不决，甚至有时会逃避责任。这种扭曲的价值观也引发了观众的深思。

那剧中是怎么展现反传统的呢？比如，苏大强的女儿苏明玉，她虽然从小生活在一个重男轻女的家庭里，但不仅没有被这种观念束缚，还一心想要考好大学，出人头地。她坚信，女性不应该只是家庭的附属品，应该有自己的事业和追求，要做一个独立自主的女性。

除此之外，苏大强的儿媳妇朱丽也对苏大强进行了直接的抗争。在剧中，她不仅要面对苏大强的无理取闹和固执己见，还要努力维护自己和丈夫的权益。这些都给观众带来了很大的启发。

要给受众留下思考空间

在这部剧中，子女虽然反对苏大强的一些做法，但是也一直承担着照顾苏大强的责任与义务。

这里延伸出一个更高的创作要求：影视娱乐作品作为更高级的内容表现形式，不应该简单直接地肯定或否定一件事，而是要留有一定的思考空间，让观众参与创作。

从这个角度来说，短视频不是传统意义上的内容作品。从当下的做法来看，它其实是流量工具，没有留出足够的时间和空间让受众进行思考，更多的是刺激受众当下产生反应。

短视频的特点是短、平、快，态度鲜明，直截了当地告诉你、影响你，让你付费，这其中缩短考虑时间和决策过程是要点。

比如，一个咖啡品牌想要拍一条宣传视频。一种方法是直接告诉消费者这个品牌的咖啡豆是最好的，工艺也是最好的，而且现在正在打折促销，如果今天不买，明天就没有优惠了，促使他们快速下单。

还有一种方法是告诉消费者，这个品牌的咖啡豆有很多种类，一定有一种是你喜欢的。我们给你提供 15 种选择，每一种咖啡豆都有独特的口味和气味；我们还有 20 种水果口味，你可以随意进行排列组合，总有适合你的那一款。这种方法虽然走心，但是本来能一秒就下单的事儿，经过这么一通营销，消费者反而有点儿犹豫，下不了单了。因为消费者不愿意为产品的不确定性和思考的感觉进行付费。

内容在营销场景中扮演促销介质的角色，目的是增加消费者信任度，缩短其下单时间；而影视娱乐领域的内容创作是一种作品，目的是引发思考。内容在这两个层面上的作用不同。

总之，对于商业短视频来说，主题一定要非常明确，但在影视作品里要给观众一定的不确定性，给大家思考的空间。

反权威精神的复利智慧

对于 IP 打造和个人品牌建立来说，权威营销和反权威营销都是可以的。条条大路通罗马，你的目的是到达罗马，而权威和反权威都只是路径。

选择适合自己的营销方式

目前，使用权威营销方式的人较少，董明珠是一个代表人物，她的很多内容都给消费者一种权威感。

比如她经常说：我们这款产品特别好，科技感十足；我们家产品是最好的，我用的方法是最对的，你不用犹豫；格力的产品是性价比最高的，你下单就行了。

她对员工的要求非常严格，强调员工应该遵守公司的规章制度，并对工作表现出高度的责任心和敬业精神。这种对员工的高要求可能让一些人感到她有一种家长般的严厉。她在商业决策上也通常表现出果断的一面，这种决策方式可能让一些人感到她权威性的

"独裁"。

在反权威这条赛道上的代表人物则是罗永浩。无论是过去的人生经历、职业生涯，还是在互联网平台的频频发声，他都在旗帜鲜明地打造反权威的人设。

比如他说：到了一定岁数，出来面对公众的时候不要"爹头爹脑"的；面对公司里比你优秀的年轻人，你就平等地交流；我不反对批评，但我反对说教味十足的批评；企业领导不要总是摆出一副权威的姿态……这些话反映了罗永浩对一些职场问题的不满，他呼吁建立更加平等、尊重的职场文化，让每个人都能够在一个更加和谐、开放的环境中工作和生活。

他从反权威的人设出发，在语言表达、动作行为、商业决策、品牌打造等各个层面都是沿着这个方向，非常系统。在他身上产生了反权威精神的复利，他真正的赢，也是赢在复利上。罗永浩之所以能够长期保持一致性，是因为他本身就是这样的人，他是在做真实的自己。

这也是在提醒我们，打造人设、树立价值观、做内容营销都一定要真实，一定要遵循自己的内心做出选择。清楚自己的内心，就显得尤为重要。了解你自己，这是毕生的功课，也是做内容、做营销的起点。如果你连自己都不了解，就更不可能了解受众，那怎么能做好营销、做好内容呢？

不过，很多人都是如此，只追求外在的表现形式。比如，想知道怎么做小红书，就找 100 篇小红书爆款文章进行拆解、学习、创作。

事实上，大多数这么做的人都没有成功。所以，坚定地选择那条做自己的路。

契合年轻人的需求

在反说教、反权威、反传统的同时重建新的规则，才是更符合当下年轻人特点的做法。

罗永浩就是这么做的。如果只是一味反说教，单纯地指责这个不对，那个不行，就陷入了另一种说教。罗永浩的做法是：你这样不对，你可以听听我的考虑，你可以这么做品牌……这也是现代年轻人喜欢他的原因。

为什么呢？新一代年轻人遇到了新的难题：虽然我要反传统和反权威，但是我又不知道正确的做法。这时，出现了一个罗永浩，他告诉这些迷茫的年轻人可以怎么做，并且给他们信心，可以一边反传统，一边建立自己的规则。

到目前为止，一边反传统一边建立新规则仍是在这个特定历史阶段的需求，还会有相当长的红利期，所以还会出现"张永浩""刘永浩"。

本章小结：如何用反说教和反权威引爆内容

王阳明先生曾经说："破山中贼易，破心中贼难。"

　　大家口口声声说反说教、反权威、反传统，以为那个"贼"在家长那儿，在单位领导那儿，实际上那个"贼"在自己心里。

　　年轻人心中是否也有一些偏见，是否也存在刻板印象呢？现代社会充满了不确定性，有规律的事情越来越少，偏见和刻板印象无法帮助我们更好地面对未来。所以，我们不能一味地反说教、反权威、反传统，还要不断去反偏见，反各种形式的刻板印象，在这个多变的世界里，保持开放心态，不断寻找新的视角和新的规律。

内容营销引爆点六

女性话题——

觉醒的"她"力量

"女性话题"成为内容的主流之一

人类文明逐渐发展，最先反思的是人与神的关系，确立了人的主体性和人的权力，然后女性话题自然就登上了历史舞台。女性话题不仅在中国被热烈讨论，在美国、在欧洲也是社会话题。关于女性话题的讨论，还夹杂着生理、心理、社会发展、经济地位等更多元和复杂的因素。女性思想正在进步，女性的社会地位也有所提升，但女性暂时还是无法摆脱一些生理层面的困扰。其实，不只是女性，任何一个人在生理上处在弱势的时候，想保持精神强势都是非常困难的。也许有人会反驳，人与人之间是平等的。我当然也是这样认为的：身份上父子要平等，职位上老板和员工要平等，性别上男女也要平等，等等。

父子之间应该平等沟通，经济独立，谁也不完全依靠谁；老板和员工之间，如果是合伙人的形式，大家都可以加入员工持股计划，那每个人都是老板，基本也可以实现平等；唯独男女之间，因为生理原因，无法做到时时刻刻平等。在人类文明现代化的历程中，许多事实已经证明，精神与生理是高度关联的，要想实现身心都平等，还有相当长的路要走。

女性主义发展的两个阶段

最近几年，关于女性话题的讨论成了网络热门话题和内容创作主流。很多博主、IP 都在尝试做女性话题的代言人。

如果想做女性话题的内容营销，就要透彻了解女性话题的发展过程，才能更精准地把握它，更好地符合当下主流的价值观。

作为一个历史主题，女性话题的讨论主要分为两个阶段。

第一个阶段是人人平等，女性和男性一样。就像废除奴隶制一样，"废除"女性的弱势地位就是一大进步。

比方说，时尚先锋香奈儿女士率先提出了"女性也可以穿裤子"。一定有人不理解，女性穿裤子怎么了，不是很正常吗？殊不知如此简单的事情也是靠女性一步一步争取来的。在很长的历史中，法国女性都只能穿着裙装，穿裤装是一种禁忌。两百多年前的法国甚至颁布了禁止女性穿裤装的法令。直到 20 世纪，法国女性不能穿裤装的禁忌才被打破。

在教育方面，女性地位的变化也有所体现。

以国外为例，早期阶段，教育机构只有男校。因为男女地位不平等，男尊女卑的思想很牢固，人们认为女性接受教育并没有那么重要。如果家里有一个儿子、一个女儿，通常都是让儿子去上学，让女儿在家里打理家务。社会发展到一定阶段之后，女性终于也成为可以接受教育的对象，女校出现了。

那么，为什么男性和女性要分开接受教育呢？因为教育的目的不一样。男性可能需要上战场，对他们的教育主要是培养责任感、培养坚毅的精神。而对女性的教育则主要是为家庭和男性服务，因此女校的课程除了一些基础文化知识，还有护理、烹饪、插花、室内布置和养育子女等。也正基于此，教育学、护理学等专业成了女校的强项。

社会进一步发展之后，出现了男女混校。这意味着女性正在慢慢独立，逐渐被接受和认可。

目前，全球范围内已经开始了新一轮的讨论，进入女性话题的第二个阶段，其要点可以称为"人就是人"。

什么叫"人就是人"？女性是人，男性也是人。女性，不是女巫，也不是女神，褪去各种刻板印象后，女性就是人，拥有所有人的特征与权利。

在女性话题的讨论和认知上，国内与国外有着不同的历史背景和发展阶段。作为内容创作者，想在国内做女性话题内容，开展女性话题营销，一定要把握好分寸。

女性的刚性限制，带来刚性需求

为什么在内容创意上，有很多人关心和研究女性话题呢？

前文已经讲过，男性和女性之间有着生理上的根本区别。像是生理期、十月怀胎等，都是对女性生理层面的刚性限制。这种生理上的刚性限制与心理上的迭代升级往往会有冲突，让女性产生焦虑和不安。这种焦虑和不安，又是更多心理需求的源头。这就意味着满足女性心理需求的相关内容有着巨大的创作空间和市场空间，长坡厚雪，还有很多机会。

当然，想做关于女性话题的内容，必须要摆正自己的观点。

首先，无论男性还是女性，都要充分理解并尊重女性正在崛起这个事实。目前，有一部分女性正在走向或是已经走上了历史舞台的中心位置，所有人都要认识到这一点，并且坦然面对和接受。

其次，不要受个别极端女性主义理论的影响。作为内容创作者和品牌工作者，要立足中国市场、解决中国问题、寻求中国答案，要把女性话题聚焦到中国消费者能够理解并且接受的区间来讨论。

在谈及女性话题时，我们不难发现，有一部分人会在弱者和强者之间反复横跳。这类人有的时候认为女性是强者，不应该被男性支配；有的时候又认为女性是弱者，应该获得男性更多的照顾和包容。但是，我们不应对这类人进行道德评价，我们讨论的是如何与之达成价值共识。要知道，做内容和品牌的最终目的是让受众、消费者产生共鸣。只有让对方打心眼里接受你的观点，你才能真正影响到对方。

过多的女性话题容易遭到反噬

目前，国内市场上有很多讲女性话题的女性博主。作为女性，她们讲这些完全没有问题。但要注意的一点是，如果过度讲女性话题，也很可能遭到反噬。

因此，讲到女性话题的某些观点时，要精准表达且掌握分寸。

解析女性主义题材节目爆火的原因

女性主义题材节目之所以爆火，是因为这些节目在一定程度上替代了女性受众的伴侣。伴侣没能给她们提供的情绪价值，这些节目可以给，所以她们喜欢看，愿意追。

比如，综艺节目《乘风破浪的姐姐》《妈妈咪呀》，电视剧《甄嬛传》《芈月传》等，这些女性主义题材的影视娱乐作品都掀起了不同程度的热潮。

女性用户需求背后的商业机会

当下，女性的消费需求并没有完全得到满足，这是很大的商业机会。你能做的就是用不同的内容或产品满足她们。

女性消费者都有哪些心理需求呢？比如说，真正认识自己，以及随之而来的接受自己、爱自己。

我们在做女性主义相关的内容和品牌营销时，曾经多次、多地做过各种抽样调查、小组访谈、舆情解读等，积累了大量的调研材料。我们发现，妊娠期和哺乳期的女性有很多种复杂的情绪和情感，再加上身体发生的重大改变，她们的心理会受到严重影响。

我说这个的目的，其实是为了论述《乘风破浪的姐姐》的选角策略。很多姐姐之前都很年轻，也都很美，有很优秀的一面；但是，随着年龄渐长，有的姐姐事业下滑了，有的姐姐结婚生子后，即使她们努力保持原来的身材，也拥有自己的特长，但热度也还是不如从前。

节目组邀请她们来参加这个节目，一方面是想告诉她们，这是一次认识自己的机会，而且是认识真正的自己；另一方面，通过这些姐姐给广大女性观众营造一种氛围，展现女性乘风破浪的能力与意志，让广大女性产生心理投射——姐姐们都还能跳女团舞，我也能变强大。

除此之外，在国内市场，女性消费者还有一个需求，那就是自己定义自己。

比如，东方卫视有一档女性节目《妈妈咪呀》，没有说"乘风破浪"，而是主打"做女人，就这样"。言外之意是说，女性是什么样应该由女性自己来定义。

这个节目主要是展现"女性要自强"这个主题下的多种细分价值观和实现路径，让妈妈讲自己的故事。同时，节目中还有才艺表演的环节，让妈妈们唱歌跳舞，观众也很爱看。

其实，当时策划这档节目的初衷是做成一个展现女性力量的，兼备娱乐性和通俗性的节目。事实证明，这个想法是对的。

节目背后是女性价值观的变化

一档节目、一部电视剧、一部电影的背后，除了反映观众的需求之外，也藏着他们的价值观。任何一个群体的价值观的演进和变化都是缓慢的、阶段性的、分步骤的，不会一下子就完成。

从20世纪90年代大火的《渴望》，到这些年一直爆红的《甄嬛传》，这些电视剧、流行语、偶像明星的大火，实际上都反映了观众的态度，是大众价值观的外化表现。顺着这些电视剧，我们就可以知道近三十年中国公众对女性话题价值观的变化。

比如，电视剧《渴望》的剧名就表达了女主角对真诚的爱的渴望。

《渴望》讲述了一段复杂的感情。年轻漂亮的工人刘慧芳面对两个追求者迟疑不决，一个是车间副主任宋大成，另一个是来厂劳动的大学毕业生王沪生。她渴望爱情，但是前者有恩于她，后者又身处困境，需要她的帮助，这使她左右为难。刘慧芳最终选择嫁给了王沪生。后来，她知道了王沪生不爱自己，至少没有那么尊重自己，但她还是坚持在王家待着，也不愿意去正面回应宋大成的爱。这部剧不仅展现出了那个时代男性希望女性该有的样子，也展现出了那个时代女性群体对自我的认知。

随着价值观的发展，《甄嬛传》的剧情比起《渴望》就有了很大的变化。

这部剧的前半部分内容与往常的电视剧差别不大，甄嬛希望得到皇上真正的爱，为此也可以忍气吞声，委屈求全；后半部分内容就展现出甄嬛的心态开始变化。

这部剧为什么能持续爆火并且被观众反复观看呢？因为很多女性观众看得很过瘾。这种"过瘾"正是因为观众的代入感，观众在代入的过程中体会到女性逐渐强大的感觉。

从女性观众喜闻乐见的影视娱乐节目来看，我们可以清晰地发现，这二十年左右，女性观众的价值观演进方向一直坚定且坚决，就是女性要自强、要更强。这种价值观趋势在一定时间内是持续的，可以穿越整个价值观周期。只要掌握了能穿越一定周期的价值观和态度，并将其融入内容创意和品牌营销中，我们就能在一定程度上更好地穿越经济周期。

女性节目的创作趋势

根据之前的价值观周期理论，我们甚至可以推测出下一部大女主剧所呈现的内容。

第一种可能是更强大。总体来说，《甄嬛传》就是遵守这个规则的，只是未来的表现手法可能更有力、更直接。

第二种可能是女性自己解决问题。这里又可以分为两种，一种是女性只靠自己独立解决，另一种是女性和女性聚在一起解决。在这方面，其实已经有了相关的流行语，比如"girls help girls"（女孩帮助女孩）。

第三种可能是重新定义女性。好莱坞的电影中已经出现了这种类型，比如《芭比》。影片中的芭比变得非常强大，还成了男朋友的救星。同样的剧情，也在好莱坞其他的影视作品中体现。

社会发展趋势和价值观演进趋势都已经说明，全世界范围内的女性都正在各方面变得更加自信、更加优秀。如果你在做一个女性品牌或一本女性主义的杂志，如果你是女性话题内容生产者，接下来应该做什么，是不是很清楚了呢？答案很简单，坚持女性自信、自立、自强，并且在这个方向上不断探索，一定会呈现出优秀的内容和品牌。

品牌怎么打好"女性主义"这张牌

在女性不断崛起的今天，品牌对女性主义话题的追逐也在不断增强。在未来，女性以及女性主义话题仍然会在品牌营销实践中占据主导地位。

洞察现代女性的消费心理

很多品牌都能够持续精准地洞察女性消费者的功能需求和心理需求，强调女性的独立和自信，如欧莱雅、宝洁、完美日记、NEIWAI（内外）等。

比如，完美日记的产品涵盖了彩妆、护肤等多个领域，并且在不断推出新品，主要是满足女性个性化和多元化的需求。同时，它强调的理念是女性的自我表达与个性展现。其推出的动物眼影盘系列以鲜明的色彩和独特的图案设计吸引了大量女性消费者，尤其是年轻女性。这些产品成为女性表达自我、展现个性的工具。

以前的美妆品牌更多地强调女性的美丽，而完美日记则聚焦在女性力量的展现上。例如，完美日记曾推出过一款以"女性力量"为主题的眼影盘，将部分收益捐赠给女性权益保护组织，以此表达对女性权益的支持和关注。这种公益性质的营销活动赢得了消费者的好感，提升了品牌形象。

"女性自信、自立、自强""女性拥有更多力量"这些态度和价值观非常符合当下女性消费者的心理需求。品牌在做内容和营销的时候，要精准洞察，及时跟进。

跟踪现代女性的态度变化

女性力量的展现方式之一是自信。飘柔，几乎是中国市场上第一个以自信为卖点的国际品牌。

20 世纪 80 年代，当时的中国女性也许还没有那么自信，飘柔的广告正好满足了她们提升自信的心理需求。随着社会发展，中国女性已经越来越自信了，如果还用那句"用飘柔，就是这么自信"，飘柔就无法持续吸引新用户，销量增长的压力也会越来越大。

因此，对于品牌来说，一定要紧跟消费者情感、态度的变化，及时优化调整更改营销策略。

研究现代女性的消费特征

除了要关注女性消费者的心理和态度，品牌还要研究一下现代女性的消费特征。

比如，有些女性消费者对数字可能没有那么敏感。所以，有些品牌会根据这一特征使用销售技巧，更换容量与定价。

举个例子，如果一瓶洗发水的容量是 500ml，售价是 20 元的话，既好生产，也好算账。可是，一些品牌偏偏不这样做，容量和价格都是有零有整的，435ml 的售价是 18.9 元，475ml 的售价是 23.7 元，1250ml 的售价是 32.6 元，等等。

这样的标价方式好像是对消费者进行数学测验，消费者需要仔细计算才能知道哪一瓶更实惠。很多品牌就是通过类似方式来降低消费者对价格的敏感度。

这些跟女性话题有什么关系呢？因为这些洗护用品的主要购买决策人一般是家里的女性，而有些女性可能对数字并不敏感。这类产品的包装也好，宣传语也好，各种价格策略也好，其实都是针对女性消费者的一些特点设定的。

其实，飘柔这个品牌用的就是这个方法。首先，在功效上提升产品质量；然后，广告语"用飘柔，就是这么自信"是在倾注情感；最后，在消费者不敏感的地方不断优化价格策略。

如何在营销中用好"女性话题"热词

做内容的人既要去关注女性话题，同时也要研究和女性话题相关的语言词汇，不然很容易出现冒犯女性等问题，或者根本不能与她们产生心理联结。

流行语能减少理解成本

随着女性地位的崛起，女性话题的增多，相关的流行语，比如"女汉子""她力量""她时代""她经济""悦己"等，都成了营销热词。对于流行语的使用，营销上通常有两种办法。

第一种办法叫"蹭"。对已经存在的热门词汇，可以直接借用，你不用发明，也不用思考。当然，很多流行语一旦爆火就容易被滥用，如果它已经烂大街，就不要再蹭了。蹭，总归是表象的、暂时的。

第二种办法叫"创"。这个要求更高一点儿，就是根据一个主题创作出符合大众需求的词。女性话题的流行词，"女汉子""她时代""她经济"等都有一些文学上的设计，更容易被用户记住。

所以，在生产内容和开展营销时，要考虑使用流行语，可以经常用，甚至多用。这种方式可以缩短受众和消费者的理解时间，降低理解难度，减少理解成本。

把握女性主义热词的使用尺度

前文我们提到过，对于品牌运营者、操盘手、内容创作者来说，一定要意识到女性正在走向或者已经走上了历史舞台中央，要完全理解、真正认同并充分尊重这种历史现象。千万不要嘴上认同，但心里抗拒，或者是行为上部分接受，但心里抵触。要知道，内容创意和品牌营销这类工作有一个特点，就是创作者心里的想法很多时候会在作品和表达中不自觉地流露出来。这就要求我们在使用女性话题相关的词汇的时候，要做到以下几点，避免引起争议。

第一点，真正地尊重女性。把女性当成真正的、独立的人来看待，不要物化、特殊化女性。第二点，不要对女性有歧视。歧视有很多种，要注意不要有各种形式的歧视。第三点，保持开放的心态，与当代女性消费者做真正的情感联结。

关于如何真正做到尊重女性，我这里有几个小建议。

第一个建议是认真读几本像《第二性》这样的女性话题图书以及相关的女性话题文章等，构建女性话题的认知体系。

第二个建议是有意识地在自己的信息渠道中多获取女性视角的信息。信息渠道包括很多种，比如图书馆、社交媒体等。

第三个建议是在实践中尝试从女性消费者视角设计内容，再请身边的女性朋友把把关。

第四个建议是一个更私人的建议，可以好好和自己的妈妈、女朋友、妻子沟通，认真倾听，尝试更多地理解她们。当你能真正理解你的妈妈、女朋友、妻子，并且跟她们建立真正全面的情感联结时，你就能够更好地服务女性消费者了。

本章小结：如何用"女性主义"引爆内容

从发展的角度来看，女性主义是一个恒久的历史主题，也是一个国际主题。在未来相当长的时间里，它都可以被用作内容创意、内容营销的主题。

所有的内容从业者和营销工作者都可以更多地关注女性话题。即使你不做女性产品，不做女性媒体，我也建议你在做内容、做营销时增加女性视角，以及男女真正双向平等交流的视角。

从商业的角度来看，女性话题内容、女性话题营销中体现的价值观处在历史趋势的发展线上，能够带来长期的工作机会和服务机会，也能让团队持续产生人生和工作价值的复利。唯一的要点是，充分理解女性，真正尊重女性。

内容营销引爆点七

形象——

高颜值话题营销

颜值类短视频怎么那么火

我们会发现，不少短视频博主的颜值都很高。他们甚至被单独分成了一类，被称为颜值博主。网络上也出现了一类流行语，如"颜值高""颜值爆表""颜值即正义"等。有人说，这是一个"看脸的年代"，形象成了一门生意。那么，问题来了，形象真的是打造 IP 的唯一变量吗？

形象不是 IP 成功的唯一变量

形象是 IP 成功的重要变量，但不是主要变量，更不是唯一变量。

从短期来看，形象确实可以帮助 IP 产生脉冲式的收入，即流量突然变得很高，影响力突然增强，粉丝量一夜爆增。

之所以能产生这种效果，是因为形象首先能够刺激受众产生一些生理反应，以及浅层的心理需求满足，让人瞬间上头，在短时间内产生效果。

但从更长远的角度来看，形象虽然可以带来部分利益，但是仅仅依靠形象带来的利益，无论是个人收益还是商业收益，都不足以保证这个人和公司的长期发展。

我们会说艺术长存，却不会说形象长存。古人也说过："色衰则爱弛。"我们从以下几个方面，可以简单地分析一下为什么不能长期靠形象吃饭。

第一，形象是生命指标，不可逆转

作为生命指标之一，自然的生长规律决定了形象和外貌无法长存。而且，即便通过某种手段让形象得以长存，消费者也不会长时间买单。

我们并不否认，有一些颜值很高的人可以用各种方法让自己一直保持在年轻状态。但是，就大众审美来说，他们违背了自然的生长规律，是非真实的呈现，从求真的底层逻辑上，就会被很多人否定了。他们可以保持这种状态，但是要长期以此为卖点，一些消费者就会不愿意接受。

第二，投资市场对形象行业的兴趣有限

从艺人行业的投资回报率来看，仅靠形象是没有长存空间的。与形象有关的行业，如果投资回报率很高，就会有很多人挤破头投资了。可事实是，这个行业里并没有那么多金融大鳄的身影，也没有想象中应有的热度。

第三，形象与思想不能画等号

从更深层次的角度进行探讨，形象是无法等同于人的思想的。IP拥有高颜值形象，用户的确会更愿意看他的短视频，听他说话。可是人的交流并不主要是基于形象，只要有交流，就一定有或深或浅的思想碰撞。如果缺乏思想，即使形象再好也没用。

形象只是放大器

既然形象不是主要变量，那为什么当下很流行"颜值即正义"呢？其实，这句话被误读了。这句话其实是当下年轻人某种意义上的自嘲和反讽，他们并不完全相信颜值百分百等于正义，只是想要表达长得好看、形象好很重要，表达自己爱美、也很欣赏他人之美的态度。这是一种解构式的表达方式，并没有真正上升到"正义"这一价值观层面。

我们研究任何一件事或一个现象，都一定要分析关键驱动因素和辅助驱动因素。那在爆款内容的打造中，形象到底起到了什么作用呢？

虽然形象不是IP成功的关键驱动因素，但它是一个放大器，是助推成功的有力工具。做IP、做内容、做营销，一定要用放大工具，就像服化道、舞美一样。

举个例子，丁真因为其清澈的眼神而爆火。他的快速走红与帅气的形象确实有很大的关系。丁真拥有一张清新脱俗的脸庞，眼神清澈明亮，笑容灿烂迷人，还带有一种独特的高原风情，这种天然去雕饰的容颜让他在众多人物中脱颖而出。

但是，仅凭颜值并不足够，还需要结合场景，才会更引人注目。他身处的康巴地区有高原、蓝天、白云，他可以在自然风光中惬意漫步。那里好像离世俗很远，让人身心都很放松、舒畅。

丁真的形象，恰好与人们对高原的认知相符合，既干净又纯真，有一种不被世俗污染的感觉。如果丁真是一种比较精致的帅气，可能在高原的场景里就不那么契合。

总之，形象只是在以情绪、情感、态度、价值观为核心变量的前提下，起到放大和强化的作用。也可以理解为，主要变量是"1"，颜值是"1"后面的"0"。一旦脱离了"1"，"0"就变得没有意义。

品牌为何越来越重视"形象"

其实，不只是丁真，任何一个人的脸都蕴含着极其丰富的信息，甚至可以说人脸是人类文明的集合体，是人类文明的外化。

人脸是人类文明的集合体

假如，你在一家餐厅吃饭，旁边有三桌客人，一桌是中国人，一桌是韩国人，一桌是日本人。在大家都不说话的前提下，你能分辨出来他们分别是哪个国家的吗？一般情况下是可以的。

人脸是人类文明的集合体，中国人的脸承载着中华文明的信息，韩国人的脸承载着韩国文明的信息，日本人的脸承载着日本文明的信息。也许西方人很难凭长相分辨这三个国家的人，但东亚地区的人很容易看出他们的不同。这也说明，虽然人脸包含着大量文化信息，但只有熟悉这种文化信息的人，才更容易识别。

人脸是人类文明的外化

单眼皮和双眼皮只是因为基因遗传吗？高鼻梁和矮鼻梁只是因为基因序列不一致吗？其实不同的外貌也和人类文明有关。

拥有不同染色体、不同生物学指标的人生活在一起，他们构成了种族，加上文化要素，构成了民族。高鼻梁和矮鼻梁的人也可能是两个族群。高鼻梁的人一般生活在寒冷的地带，矮鼻梁的人则通常生活在炎热的地带。生活在不同地带的人经历着不同的组织形态和文明形态，也就有了不同的外貌特质。

比方说，国字脸是一类标准的脸型，这种脸型给人的感觉是为人方正、靠谱、踏实、稳定。在中国，国字脸的人大部分是北方人，一般生活在陕西、山东、河北、河南等省份，黄河中下游也正是中华民族起源的地方。所以，人们似乎能对国字脸的人天然地产生信任。

董宇辉的国字脸，可能对于他的成功也有一定的放大作用。很多人觉得，直播间卖东西的人可能不靠谱，但董宇辉的形象提升了大家的信任度。

最近，网络上兴起了一种脸型，叫国泰民安脸。国泰民安脸有两个层次，一个是国泰，一个是民安。"国泰"体现在脸型富态，不一定方，但相对大一点儿，脸颊肉乎乎的；"民安"体现在眉毛比较舒展，眼睛大而有神。

　　这些都是人们通过人脸读取出的信息，对于品牌或内容来说，都很关键。

形象要与品牌相匹配

　　我们对于形象的判断是主观的，毕竟审美并没有非常明确的客观判断标准。这样的话，如果品牌想找一个代言人，应该怎么办呢？

　　品牌寻找代言人，要考虑这个品牌的战略、品牌定位、品牌理念，基于这些维度去找对应的人，而不能单纯地认为好看就行，一定要注意代言人传递的信息与品牌的联动，二者相得益彰才是最好的。

　　奥黛丽·赫本与蒂芙尼珠宝的合作，就是一次颜值与品牌的相互印证，共同联动。蒂芙尼品牌传递的是一种优雅的价值观，主打精致、浪漫。

　　第一个词是"精致"，蒂芙尼的目标消费群体并非大众，而是主打高端群体，毕竟这类人更倾向于过精致的生活。蒂芙尼的产品也很精致，包装盒小小的，袋子也是小小的，连包装盒的带子都是很细的。他们对每一个细节都反复斟酌过。

　　第二个词是"浪漫"。浪漫和现实是两个维度，两个方向。浪漫相对比较感性，有一种朦胧感，有对未来的向往和期许，充满着不确定但满怀希望。有趣的是，有些品牌并没有想明白其中的逻辑关系，一边说自己的产品很浪漫，一边又说我们这周有促销活动。这样做其实是矛盾的。品牌如果要走浪漫路线，就别打折促销；品牌要进行打折促销，就很难浪漫。这完全是两个市场区间。

分析完蒂芙尼，我们再来回忆一下奥黛丽·赫本。她的脸小巧而精致，面部比较立体，妆容不是很浓，给人一种从容与淡定的感觉，透露着一种深入骨髓的优雅与高贵。整体来看，赫本的气质与蒂芙尼的品牌形象十分契合。

所以，品牌在选择自己的代言人时一定要综合多种因素考虑，确定一个与品牌形象、品牌理念最契合的人选。

如何用"形象"引爆节目

有人觉得，做影视娱乐节目，只要选高颜值的演员，就一定能爆火。

这是很多人对影视娱乐行业的误解。

一般来讲，在影视娱乐行业，业内人对"好看"两个字已经免疫了。即使很多人说某个人好看，业内人也只会认为是基础条件。

影视行业不消费形象

一部成功的作品不会只从颜值的角度来选择演员。即使现在很多影视剧都在找好看的年轻演员，也是因为想借用一些粉丝流量。

在影视娱乐圈，如果说颜值是最重要的因素，那理论上选美的节目就应该是最重要的节目。可是"世界小姐"选美大赛每年都举办，很多人都不知道每一届的冠军是谁。

创作规律是匹配

影视娱乐节目的创作规律是组合与匹配，所以演员类型要匹配角色特征。一般情况下，制作方会先把剧本和主题确定下来，然后再去选择演员。通常先从比较明显的外部条件筛选，比如年龄、身高。剧里要求角色是中年人，那肯定找中年演员；剧中要求身高要高，那就得找一个身高1.8米左右的演员。接下来，才是筛选演员外貌跟角色的匹配度。这个角色是精致的，演员也要精致；这个角色是粗犷的，演员也要粗犷。还有一个很关键的步骤，就是筛选演员的表演能力，其表演能力和角色也要匹配。

比如，在电视剧《繁花》中，饰演雪芝的杜鹃就比较符合剧中角色的要求。雪芝是胡歌饰演的角色阿宝的初恋，是阿宝心中永恒的"白月光"。即使阿宝成为成功的商人，也始终对她念念不忘。

在镜头下，杜鹃的五官立体，皮肤细腻如瓷，她的眼睛深邃而富有情感，每一个眼神仿佛都能讲述一个故事。她的眉形优雅，鼻梁高挺，唇线清晰，每一个细节都彰显着她的美丽与独特。

而更为引人注目的是杜鹃在《繁花》中所展现出的那种高贵而优雅的气质。她所饰演的雪芝无论是与人交谈，还是独自沉思，都散发出一种从容与自信。她的身姿挺拔，步伐从容，每一个动作都流露出她内在的优雅与坚韧。

不仅让阿宝的内心世界更加丰富，也触动了其他男性角色内心的柔软之处，更是成了许多观众心中的"白月光"。

《繁花》里饰演卢美琳的范湉湉也很匹配角色的要求。卢美琳是一个脾气火爆、性格泼辣，但内心情感丰富的女性。范湉湉把这位烈焰红唇、嚣张跋扈的"社会姐"演活了。她化着夸张艳丽的妆容，穿着花里胡哨的衬衣，往往人未至，声先到。她的行为也着实令人闻风丧胆：敢一巴掌直接扇在宝总脸上，也敢针尖对麦芒地怒怼范厂长。她让人们看到了一个鲜活立体的老板娘形象。

如何借助形象放大节目效果

当然，有些影视娱乐节目确实会通过嘉宾的颜值来增强节目的吸引力和观赏性。

第一类是偶像选秀节目。如《偶像练习生》《创造101》等，这类节目通常会选拔样貌出众、才艺俱佳的练习生，通过训练和比赛，最终选出具有潜力的偶像团体或个人。颜值在这些节目中的确是一个重要的评判标准，能够吸引大量粉丝和观众。

第二类是时尚综艺节目。如《时尚大师》《穿搭指南》等，这类节目通常会邀请时尚界的明星、模特或设计师，展示他们的时尚品位和穿搭技巧。这些嘉宾往往需要具有较高的颜值和时尚感，能够吸引观众的眼球。

第三类是旅行真人秀。如《花儿与少年》《妻子的浪漫旅行》等，这类节目会邀请明星嘉宾前往世界各地旅行，展示他们的旅行经历和生活状态。在旅途中，嘉宾们的颜值和气质往往能为节目增添不少看点。

　　第四类是明星访谈节目。如《鲁豫有约》《非常静距离》等，这类节目会邀请明星嘉宾分享他们的生活、工作和心路历程。虽然这类节目更注重内容深度，但嘉宾的颜值和气质同样能够为节目增色不少。

　　要注意的是，虽然形象在这些节目中起到了重要作用，但节目能否成功并不仅仅取决于嘉宾的颜值，节目的内容质量、呈现形式，以及嘉宾表现等因素同样重要。同时，我们也应该尊重每个人的独特之处，不要过分强调形象在节目中的作用。

本章小结：如何用"形象"引爆内容

　　在内容创作和营销中，"形象"是提升人与人之间交流和影响力的重要工具。所有的内容都是由人创作的，内容中无不包含人的元素，而每一份内容都需要通过人的形象来传递信息和情感。因此，形象在内容营销中起到了重要的作用。

　　作为内容创作者和营销人员，应在自己所定位的市场区间内寻找产品和内容的核心价值观，并将其与品牌形象紧密相连。我们应通过建立清晰的品牌形象，增强内容的吸引力和传播力。

内容营销引爆点八

榜样——

仰慕英雄与榜样

影视娱乐热衷"慕强"的秘密

古往今来的典籍当中，口耳相传的故事当中，相当一部分内容是和慕强相关的。

比如，在中国历史上，英雄人物辈出。黄帝、炎帝开疆拓土，创立氏族；大禹治理洪水，发展生产，使人民安居乐业；项羽、韩信都是杰出的军事家和统帅；还有卫青、霍去病，满门忠烈杨家将，精忠报国岳武穆……

从某种意义上来说，人类历史也是一部慕强史，或者说人类记录下来的英雄人物史也是大众心中的慕强史。

慕强的本质是仰慕英雄

所谓的慕强，有两个部分，一个是慕，一个是强。

"慕"是仰慕，是从大众心理出发的。

与羡慕不同，仰慕有更强的情感，是往上看。有一个人很厉害，我们自己身上没有他的那些特质或能力，所以会仰望他。但是我们没有奢望能成为他，只是希望他能来帮助自己。这是大众对英雄的期待。

"强"相对好理解，就是强者、更厉害的人。实际上有一个更具象的词，就是英雄。英雄往往跟人物连在一起，常用的词有英雄人物、英雄好汉、巾帼英雄等。比如，电影《复仇者联盟》《叶问》《第一滴血》的主人公就都是大众心目中的英雄人物，花木兰、穆桂英也是大众心目中的英雄人物。

所以，慕强的本质是仰慕英雄。

英雄身上有这几个特征

那我们浅浅分析一下，什么样的人物才是英雄？

英雄人物的第一个特点就是能力强。比如，专业能力强，或者解决事情的能力强。

英雄人物的第二个特点是有正义感。也就是说，社会责任感要与能力匹配起来，能力越大，责任越大。

英雄人物的第三个特点是无私。无论什么宗教信仰，无论什么性别，大家都会认为无私是高尚的品质。《复仇者联盟》里的灭霸就是能力强却自私的典型角色，他对大众来说就是一个反派。

英雄人物的第四个特点是勇敢。从个性的层面上，勇敢和鲁莽其实是同一类特质，两个词的底层意思也相似，有了好的结果叫勇敢，有了不好的结果就叫鲁莽。只不过根据不同的应用场景，根据不同的结果，这两种性格被贴上了不同的正负评价标签。

英雄人物的第五个特点是具备卓越的领导力。领导力的表现形态有很多种类、层次、维度，绝不是单纯的指挥、命令和强迫。服从、协同、影响等各种实力的综合，才是展现领导力的重要方式。

领导力的本质是影响力。很多关于领导力的常识不一定正确，比如很多人认为只有领导才需要具备领导力。但是，"领导"只是一个身份和岗位，而领导力是一项能力，不在领导岗位的人也同样可以有领导力。

没有任何职位，甚至在外界的评价是负面的情况下仍然拥有影响力，这才是领导力的重要核心，也是英雄人物必备的特质。

英雄人物的第六个特点是创造了明确的成果。没有成果的人就不能被称为英雄人物，至少不能被称为完美的英雄人物。

我们可以根据这六个特点来整体分析一下，大禹为什么是英雄人物？

第一，他有能力治水，提出了宜疏不宜堵的策略，做了战略上的重大调整。

第二，他很有正义感，能公平公正地对待所有人。

第三，他很无私，三过家门而不入。

第四，他很勇敢，敢于冲在前面去带头行动。

第五，他有领导力，能够带领大家一起治水。

第六，治水的结果很成功，百姓安居乐业。

以上这六个方面的特点满足了大众对英雄人物的期待，这也是大众慕强的底层心理需求。

但要注意的是，英雄也是人，要和大多数人一样有缺点，有缺点的英雄才有血有肉。

《复仇者联盟》里的英雄人物都略有缺点，而且各有各的小缺点，互相还有一点儿小矛盾。因为正常人际交往就是这样，这样的设定展示了他们可爱的一面。但是，到了关键时刻，大家会选择放下所有的恩怨拧成一股绳，为共同的目标努力，这里又展现了他们可敬的一面。

英雄人物创新的基本原则

英雄人物过多就很容易类型化、重复化、脸谱化，大众看起来会觉得缺乏新意。基于这种现实，我们可以进行一定程度的创新。但是我们要知道，哪些是不能调整的，哪些是可以部分调整的，哪些是一定要调整的，这是三个不同的要求。

不能调整的部分

哪些不能调整呢？在一段时间内，受众底层心理的明确期待不能调整。

在中国传统文化中，一个是文人视角的精神世界，主要体现在传下来的文献典籍；另一个是大多普通老百姓的精神世界，主要体现在传统戏曲、说书等形式的作品中。两者有明确但不同的价值观，其中唯独对英雄人物的看法是一样的，即要符合能力强、有正义感、无私、勇敢、有领导力、有成果这几个标准。也就是说，慕强自古至今都没有变，慕强是受众心里的明确期待，是可以持续创作并用来做内容营销和品牌赋能的。

比方说，现在不少人都崇拜董宇辉，如果他本人想延续个人 IP 和个人品牌，有哪些期待是不能调整的呢？第一，他的专业能力建设；第二，高尚品质的宣传。

董宇辉需要在现有的基础上，展现更多向外的品质。比如讲一些真实的故事，告诉大家如何帮助别人做工作，如何创造更多的就业岗位，如何帮助更多的农民创收，等等。这相当于在展示他如何用自己的能力帮助别人。

可以调整的部分

那哪些可以调整呢？随着时代发展，一些价值观一定要随时跟进，及时改变。

比如，现在很多人喜欢大女主，我们的内容就要更强调女性要独立自主，以前是王子救公主，现在要变成公主救王子。

比方说，有一部反映律师职业生活的大女主剧。一开场，女律师的能力很弱，虽然有一名男律师做她的师父，但她还是有很多问题无法解决。女律师刻苦学习各种工作技巧、工作方法，慢慢变得强大。后来，律师事务所接了一个案子，由男律师负责，他不仅输了官司，还造成了严重后果。在这时，女律师主动站出来善后。她准备好各种文件，赢了这场官司，顺利搞定了所有的事情。

这就是典型的公主救王子的剧情，换一个其他场景，照样可以用。当然，价值观发生变化之后，要在一段时间内保持稳定。

慕强也可以和财富结合起来，做短视频创作、做账号、做内容营销，都可以讲出很多故事。

比如，战国时期，苏秦游说秦王失败，在身无分文后不得已回家。回到家后，妻子不从织布机上下来迎接他，嫂子不给他做饭，父母不跟他说话。苏秦自感非常惭愧，于是闭门不出，努力钻研，看遍了所有藏书。一年之后，他学有大成，又去游说列国，合纵诸侯抗秦，佩六国相印，名震天下。当苏秦路过家乡时，他的嫂子行四拜大礼跪地谢罪。苏秦询问嫂子前后为何有这么大的差别，她回答说："因为现在你的地位尊贵，钱财富裕。"

嫂子前后的不同表现就构成了一段内容。既和慕强有关，也和财富有关，这样的内容，显得更充实，更好看，更有深度。

一定要调整的部分

必须要调整的部分又是哪些呢？人物角色、形态、技巧，这些要素一定要不断变化。

比如，人物角色可以一直变，英雄人物可以是男性，也可以是女性；既可以是成年人，也可以是少年英雄。

讲故事的技巧也是一直在变的。真正的思想问题是需要洞察的，主要由思想家、哲学家、社会学家、心理学家这些人来完成，而艺术家们的工作往往是不断探索新的表达形态。

品牌怎样唤醒消费者的"慕强"情绪

其实，慕强这种需求，不只发生在个体身上，在品牌上也有很明显的体现。很常见的一种形态就是一个品牌寻找另一个很强的品牌合作，或者一个品牌请另一个厉害的人代言，开启强强联合的模式。

品牌也会慕强

具体来说，品牌该如何操作呢？

一种方式是品牌直接向用户传递自己的理念。

比如，A 品牌的核心理念是三角形，它希望给大众留下的印象也是三角形，于是直接告诉大众——我是三角形。当然，其他的表达方式，比如疑问句、反问句也都可以。只是，用户对这种方式的信任度有多高，不太好衡量。

第二种方式是品牌和另外一个品牌联合宣传。

这种方式下，A 品牌不再直接对大众说"我是三角形"，而是找一个在大众心里的印象已经是三角形的人或者品牌，跟他合作，让他站在自己身边，把大众对他的三角形印象转移到 A 身上，让大众觉得 A 也是三角形。

这种做法，在营销行业有一个专业的理论，叫合作品牌（cobranding）策略，也就是两个或多个品牌跨界合作，即传说中的强强联合。

品牌请代言人用的是这个理论，两个品牌共同举办活动用的也是这个理论。比如，你想打造一个女性力量的品牌，那就要与女性力量强的人或品牌联合。比如，可以请李银河教授出席活动、参加论坛，让她讲一些女性力量的理论；或者，可以和强调女性力量的品牌，如完美日记、欧莱雅等合作。经过这样的反复联合营销，时间长了，至少有一部分大众会认为你的品牌是走女性力量路线的。

品牌的强强联合行为主要是促使消费者产生信任感，相信合作的两个品牌的核心理念是一致的。这样做的好处就是，双方可以共同分摊投入成本，可以各自获得利润，投资回报率会更高。

强强联合的目标是双赢

对于品牌来说，要做好强强联合，需要确定两件事：一件事是知道自己是谁；另一件事是知道自己要找的那个人是谁。

我们以耐克和乔丹的强强联合为案例，进行详细分析。

首先，耐克的口号是"Just do it"，可以理解为想做就做，坚持不懈。它强调人人可以成为运动场上的强者，其隐含的意思就是耐克的鞋子也是运动场上最强的。

既然想打造"我是最强的"这个形象，那耐克合作的对象就应该也是某个领域最强的。它是做体育用品的，找一个体育领域的强者合作无疑是最好的选择。选择的标准是什么？这就要回到前面提到的英雄了，能满足能力强、有正义感、无私、勇敢、有领导力、有成果这六个特征的人，才算得上体育领域的强者。这样来看，耐克的选择并不多。

乔丹有极强的专业能力，运球、扣篮、抢断、得分，每样技术都非常出色，称得上篮球领域的翘楚。

乔丹有足够多的正义感，也很无私。有新闻报道说，乔丹很有爱心，经常去看望残疾儿童。有一个小朋友坐着轮椅来看比赛，乔丹在中场休息的时候还专门跑到看台上跟他合影。

乔丹能在关键时刻勇担重任，防守时抢到篮板，进攻时连续得分，面临困境时迎难而上，逆转形势，力克对手。

乔丹是球队的队长，能带领全队合力打好比赛。他在关心队友的同时，还把自己的经验传授给他们。

乔丹已经获得了很多总冠军，部分个人数据也在各项排行榜上名列前茅。他取得的这些成绩，是常人难以企及的。

综上，乔丹已经塑造了一种强者形象，跟耐克合作，也向大众传递了一种耐克很专业的感觉，他们之间是互相对应的。

对于品牌和艺人来说，合作品牌策略是一种双向选择，二者匹配度越高，彼此之间的加持就越强，有助于共同增加价值，而不是此消彼长。

耐克和乔丹合作时，投放了大量的广告进行宣传，乔丹的个人品牌价值不断增加，成为第一体育巨星，实现了名利双收；耐克也是一样，乔丹到哪儿都穿着耐克的鞋，耐克的收入也持续增长，耐克的品牌价值、公司价值也在增长，利润也越来越高。这是一个完全双赢的联合。

做内容，做营销，一定要努力把双赢设为目标。当然，这里有很多细节要考虑，有很多难题要解决。对于大多数团队来说，还不能完全做到双赢，也许 A 团队能做到 25%，B 团队能做到 26%，其实大家距离 100% 都还差得很远，但是 B 团队就赢了 A 团队，因为它的效率更高。

所以，中小型品牌做慕强营销时要增强自己的判断力，一定要跟那些有势能的人和公司合作，相互借力，共同发展，实现双赢。

联合的重点在于激发情绪

在做强强联合时，还有一个重点是激发大众的共情。

我们还用耐克和乔丹举例。广告中，乔丹在赛场上一直穿着耐克的鞋，他高高跃起扣篮的那一瞬间，观众眼中除了乔丹，还有飞在半空中的耐克标志。乔丹为什么能跃那么高？他的自身能力是最重要的原因，鞋子好则是另一个要素。广告想要表达的意思就是耐克的鞋帮助乔丹跳得更高了。这些意思并没有在耐克的广告语里出现，而是通过这一系列动作表达出来，激发了大众的情绪，使大众自己进行了联想。

做内容，做营销，做合作品牌，联合的是情绪、态度甚至品牌价值观，而不是商品本身的要素。如果在这个广告里，没有提及最重要的乔丹精神，也没有体现更重要的品牌气质，这样的广告就是没有情绪价值的。

如何用"慕强"打造爆发式的营销事件

在营销中，还有一类营销方式叫事件营销。我们经常见到，两个品牌会以一个核心事件为主题，一起举办一次活动，比如春季营销、情人节促销、重阳节活动、年货节、音乐会等，线上线下齐发，双方品牌联动、资源联动。

品牌要策划一场活动，其实也可以使用合作品牌策略的方式。

联合营销的本质

合作品牌策略听起来好像很理论，通俗理解就是大众都非常熟悉的传统诗歌中的一个手法——比兴，这也是强强联合的本质。

举个例子，你是一位女性，想把自己打造成具有女性力量的形象。从这一刻开始，你所有的朋友圈都要围绕这个目标进行精心策划了。

比如第一条朋友圈是李银河女士的照片，配文是："今天是李银河女士的生日，我无比想见她一面。"

第二条朋友圈的文案是："我好想回到可可·香奈儿设计裤子的那一刻，站在她身边，给她鼓掌。"

第三条朋友圈是说有个小姐妹给你发来照片，问她今天的战袍好看吗？你回答，不仅好看，还让人感受到了力量。

　　第四条朋友圈是转发的一篇文章，内容是关于中国当代女性地位的增长研究。

　　这几条朋友圈的内容，没有一条使用非常直白的话语，也没有一条是别人在专门给你做口碑，但事实上那些人或内容已经成为你的联合对象了。这个过程里，你只是在发李银河老师的照片吗？你只是在怀念可可·香奈儿吗？你只是在转发有关当代女性地位的文章吗？你想要表达的真实含义是"我是一个有力量的女性"。顺便说一句，朋友圈的每一个文字、每一张图片都是在传递信息，都是在传情达意，都是在进行内容营销。实践最好的方法就是从你的朋友圈开始。

　　要注意，朋友圈就是你自己的个人媒体，应该有明确的态度和定位，而且始终如一。

联合营销的关键点

　　那我们在借助慕强进行事件营销时，有哪些关键点呢？

　　第一个关键点，一定要认识你自己。

　　合作品牌策略相当于是你借助某个力量，去向大众传递信息，如果你不认识自己，所谓的借力打力就会打到自己身上。比如我本来想做三角形，结果找了个圆形，经过一通事件营销以后，大家都不认为我是三角形了，这不就是借力打了自己吗？

　　那我们应该怎么认识自己呢？就是对自己要做的内容，或自己要打造的人设，进行更深入的分析。

比如，分析自己的个性特质，情绪或情感特点，平常喜欢的人事物，对待事物的态度等，有很多维度。你把这些维度写在一张纸上，然后自己做出一定的归纳和总结，不一定要求非常专业，只要最后形成一段话就行，至少会使你比以前对自己的了解更清晰。

了解了自己以后，你就要设定自己的目标了。跟随前边的梳理，你知道了自己的目标是打造某某方向的内容，或者某某方向的人设。然后，你再用一张纸、一支笔，把目标的关键词梳理并写出来，比如你大概是什么态度，大概想展现什么样的品位，面向的消费者是哪些等，可以用大白话进行描述。比如，我想要在下沉市场里做偏女性的内容，视角是从女性出发，我的目标消费者也是女性，希望展现女性的力量，但这种力量不能像男性一样。

第二个关键点是你要有能力找到要借力的人和品牌。

有一个成语叫交相辉映，如果双方都是亮的、发光的，那就是彼此相互印证了，如果一个亮、一个暗，那就是单向输出了。

第三个关键是要坚定不移地做下去。

消费者对你的认知是一点点形成的，不可能靠一次事件营销、靠一次活动策划就直接建立稳定的认知，你需要一点点加固消费者的印象。

怎么通过"慕强"让自己火起来

在打造自己的品牌的时候，如果想要通过慕强去影响大家，就得自己先变强，因此你得先分析自己到底强在哪儿。

怎么知道自己真的强在哪儿

很多人觉得自己在多个专业上都很强，真是这样吗？

我是从基础工作中慢慢成长起来的，后期也做过管理工作，带过多个团队，还做过投资，和不同团队深度合作过。在这么多年与各种团队的沟通中，我发现有一个事情让我感到有点儿遗憾，甚至有的时候令我很惊讶。

我在和一些团队深入交流时，有时候会请教对方的核心能力，追问一两次后他们就已经答不上来了。这时，他们可能就会发现，原来自己没有自己认为的那么强，一些自己曾经认为很优秀的专业能力也还有所欠缺，甚至自我认知都存在很大的偏差。

作为个人或者团队，能够在这个问题上坦率地面对自己，并且真正开始采取行动，就已经赢在起跑线上了。

有一个实验统计，调查了全球 500 万名管理人员对自己认知的准确度和对他人认知的准确度。大家不妨想一下：这两个数据谁高谁低？这两个数值大约在什么区间？答案是，对他人认知的准确度（约 30%）高于对自己的认知准确度（约 20%）。

我们无论是对自己的认知还是对别人的认知，大多数情况下都不靠谱。然而我们还要靠这些认知去决策，去社交，有的时候还会互相指责，其实更多的是彼此误会以及对自己的误解。

最近有一句网络流行语：这世界就是一个巨大的草台班子。其实，世界更多的是由偏见组成的，我们对自己充满了偏见，对别人充满了偏见，但不自知。这个时候你要识别，要判断，要清楚地知道自己真的强在哪里，然后继续提升，再去展现。这样，别人才会真正相信你的专业能力。

那我们怎么才能发现自己真正强在哪儿呢？这是一个专业的分析过程，我简单给大家展示一下之前给一位朋友做的示范。

我：首先，你的核心能力有哪些，也就是你的专业能力有哪些？

她：我觉得自己统筹能力很强。我是学财务的，财务能力还不错。

我：财务太宽泛了，一个一个分析，你的财务能力里最强的是什么？

她：计算能力很强，逻辑能力很强。

我：那你在计算能力上能够产生多大的比较优势？

她：比较优势几乎为零，因为计算时依靠的是计算器。

我：能力是颗粒度最细的基础元素，我们讨论的问题是核心能力，既要专业还得核心。我们的目标是要产生比较优势，将自己的某项能力发展成比较优势，未来无人能及，他们只能找你。如果你要发展计算能力，人脑比不过计算器，所以这条路基本是走不通的。那我们再来分析逻辑能力，你觉得你的逻辑能力强在哪儿？你可以试着从逻辑能力的构成角度思考一下。

她：逻辑能力还有组成部分吗？

　　我：当然，而且有很明确的分类。

　　她：我通常都是根据刚开始是什么样的，后面是什么样的，通过什么样的路径能达到目的。

　　我：这也是咱们这个问题所在，你要用逻辑来回答清楚这个问题。但你现有的这个回答本身就不符合逻辑。

　　她：我可以举个例子来说明一下。

　　我：注意，举例说明的情况大多都是因为逻辑讲不清楚了。比如，算了不说了，我给你举个例子解释吧。

　　到这里，已经不需要再往下问了，我们通过这几个小问题已经得出了初步结论，至少她的逻辑能力没有她自己认为的那么强。如果她一直在自认为很强的逻辑能力上研究，就会纳闷怎么没成功，或者成果怎么不明显。其实不是她不够努力，只是搞错了方向。

核心能力不对应具体行业

　　做内容，做营销，做品牌，每天都在应对变化，要靠技巧和工具，但更要靠核心能力。核心能力是基础能力，大家可以培养自己三个方面的核心能力。

　　第一个是学习能力。

　　大家都知道谷爱凌，她就拥有很强的学习能力。一个人的时间是有限的，她能学会好多东西，说明学习单项能力的速度肯定比别人更快，别人 10 小时学会，她可能 5 小时就学会了，这就是学习能力强。而且，她的学习能力是有特点的，属于行动派的学习能力。她一旦学会了就去做，一旦做了就会成功，这种学习能力是大多数人不具备的。谷爱凌学得会、做得到，这才是真正全面的学习能力。

第二个是共情能力。

共情能力指的是一种能设身处地来体验他人处境，从而达到感受和理解他人心情的能力。如果一个人的共情能力很强，那么他可以从事的工作就太多了。

首先，管理工作就需要共情能力。共情能力差的人就很难长期做好管理工作。因为管理公司其实是在管人，如果你无法知道对方的真实感受和想法，你就只能靠职位影响他，靠刚性的物质刺激影响他。这样的管理方式是不能持久的。

共情能力也可以用在用户调研上，用在做品牌上，用在产品设计上。很多专家研究的都是技术层面的东西，他们无法真正考虑消费者的感受到底是什么，很少站在客户的角度思考，很少完全代入用户的视角，很少用共情能力去体会消费者的感受。

第三个是逻辑能力。真正和逻辑能力相关的能力有哪些呢？

首先是事实的枚举。你要是在某一个领域有研究，就要能讲出一二百个案例。比如，问一个足球爱好者有哪些足球明星，他肯定脱口而出，C罗、梅西、内马尔、姆巴佩等，他在事实罗列足球运动员这方面就是比我们强。

枚举的目的是什么？尽量扩大信息量。认知的第一个决定因素就是信息量。这个能力可以用在各行各业，你会比其他人更快获得想要的信息量。

其次，按照逻辑体系，获得了信息量以后，就要对所有枚举过的信息进行分类。这里仍然可以细分，有的人核对事实能力强，有的人统计事实厉害，有的人汇总事实很棒，而有人则适合做数据归集。

找到了自己的核心能力之后，在哪儿都能用。无论是一个人还是一个组织，发展核心能力既是有价值的部分，也是有趣的部分。

如何用"慕强"引爆内容

人人都希望过上更美好的生活，人人都仰慕大英雄。

这也对做内容、做营销提出了要求：要站在用户角度，不断为用户营造这个美好的期待，继续增强用户对未来的期许。你可以通过打造各种类型、各种场景的英雄人物来帮助用户完成慕强。这才是内容和营销领域值得长期坚持做的事。

同时，我也建议大家，在打造个人 IP 的时候，一定要基于事实，适度地增加故事，适度地渲染，适度地裁剪，适度地增加一些要传递的态度和价值观。

财富——

这"泼天的富贵"轮到我了

"财富"短视频爆火的底层逻辑

近几年来，很多视频都在讨论财富话题，分享赚钱的方法。于是，财富成了内容创作中越来越重要的一个主题。其实，财富的背后体现的是人们的观念，这也是价值观的重要组成部分。

拥有财富成了一种更广泛的共识

我们对于财富的认知也是随着社会发展而不断变化的。

古代，讲究的是"士农工商"，商排在最后一位；还有一句话叫："万般皆下品，唯有读书高。"

古语讲，"君子喻于义，小人喻于利"，君子能够领悟的是道义，小人能够领悟的是利益，财富这件事是"小人"才去琢磨的。商在一定程度上代表着对财富的追求，因此从商者的地位是比较低的。

近代，中国人对财富的看法有了变化。改革开放以后，致富成为社会共识，成为全民主流价值观的重要组成部分，与之相关的歌曲也被创作和流行起来："我们讲着春天的故事，改革开放富起来……"现在，在社会主义核心价值观的 12 个词中，富强排在了第一位。这意味着，拥有更多财富，已经成了全社会的重要共识。

当然，在追求财富的时候，还要注意："君子爱财，取之有道。"虽然我们都希望能够拥有财富，但还是要通过合乎道德、合乎法律的方法取得。

娃哈哈集团的创始人宗庆后就在努力践行着这句话。他把公司做大做强之后，不上市，不融资，也不贷款，一直靠自己踏踏实实做生意。他挣钱从不乱花，穿布鞋，穿工服，坐飞机经济舱，跟大众心目中有钱人的样子完全不符。但他觉得这样很好，他说："我的财富都是凭良心赚来的。"

当下的人们为什么越来越追求财富？从深层来说，社会资源是流动的，人们想获取财富，本质上是想促进社会资源流动，实现阶层跃迁。比方说，我今天开店挣了 100 元，这 100 元是从消费者手里流动到了我的手里，100 元的价值没有变，只不过是拥有的主体变了而已。

财富类短视频的创作方向

财富对大众生活的影响越来越大，现在的短视频创作也出现了两大类别，一类是展现自己拥有财富以后的生活，另一类是教大家怎么挣钱。

后者的功能性更强，更具体。比如怎么炒股，怎么做财务规划，怎么管理资产，怎么投资，怎么做副业，很多短视频中都有具体的操作方法和步骤。

大家在看这一类内容的时候，可能会产生一种所谓的获得感、代入感、希望感。

对一个人来说，内心保持希望感，是一种精神刚需。比如，你看了一个视频，博主认为人活着是绝望的，你越看越绝望，他再连续发布同系列视频，你就不会再看，因为它在一点点吞噬你对生活的希望。

未来总是充满不确定性，很多东西看不见摸不着。大家一般认为，拥有财富就可以更好地面对未来，面对不确定性。也就是说，拥有财富，一定程度上就相当于拥有了更多内心的安全感。

从这个意义上讲，这些提供财富技巧、财富方法的内容，可以给人提供一些安全感，让人对自己的未来生活多一点确定性。

讲财富内容的注意事项

根据刚才的分析，如果是个人做自媒体账号，有两大类跟财富有关的内容，你都可以尝试：一类是给受众代入感、梦想感；另一类是给人更多确定性，带来更明确的希望，主要讲具体功能和方法。虽然获取财富的渠道、方式和思路一直在变，但是获取财富的方法可以一直讲，也一直会有人想听。

当然，这里还要强调，无论你要讲什么内容，一定要真实。个人 IP 是以真实的身份跟受众沟通的，你无法利用个人真实身份去编造一个故事。

我们为什么爱看"财富"类型片

在影视娱乐作品里，讲财富的内容也是一大类型片。这里想说一个很扎心的事实，那就是：这类虚构作品其实无法真正地教大家怎么赚钱，只是在给大家希望。

让大众有代入感

《西虹市首富》这部电影就是在给观众营造梦想。

大家在看这部电影的时候，也希望自己像主人公王多鱼一样，突然有一天可以继承一笔巨额遗产，从此过上奢华的生活。在那一刻，王多鱼就是我，电影中的剧情就好像是我在花钱、我在投资。

这就要注意了，如果你想让大多数人产生代入感，一定要给大家一个代入点。

王多鱼住进豪华别墅、购买名贵跑车、举办豪华派对、购买大量艺术品、投资烂尾楼、买入夕阳产业股票，等等，都是大众对有钱人的想象，而不是真实的有钱人。真实的有钱人的生活，大众是代入不了的。如果《西虹市首富》很正经地描述有钱人是怎么挣钱的、怎么花钱的、怎么生活的、怎么面对压力和各种困境的……大众其实很难代入进去。

真实的有钱人一般情况下都很理性。我的一个朋友很喜欢古玩，前段时间要卖一组很贵的物件，价值上亿。我问他要卖给谁，他说在跟他的堂哥商量。我好奇这应该怎么定价，他说定价就是双方的律师讨论。我问他没跟堂哥两人坐下来聊聊吗？他说这是生意，生意有生意的谈法。

真实的有钱人的想法也是不一样的。比如一个家族的资产规模是50亿元，家族成员当下要讨论的问题是怎么把这50亿元分了吗？不，这是大众对有钱人的想象。其实他们的第一反应是怎么才能守住这50亿元。先资产保值，然后才是资产增值，如果连保值都做不到，就不必聊增值的事了。

所以，想让观众代入财富类影视娱乐节目里，就要描绘普通人心目中的有钱人的生活，满足他们对有钱人生活的想象。

要帮大众造梦

在影视娱乐节目里，还有一类作品是在教大众怎么挣钱，它们的核心是在帮大众造梦。观众在看的时候感觉自己也学到了挣钱的方法，将来应该也能挣到钱。

比如，《华尔街》通过主角巴德·福克斯的经历，展示了多种投资策略和技巧，如技术分析、基本面分析、趋势跟踪等，展现了华尔街金融精英们是如何运用智慧、策略和勇气在金融市场上取得成功的，同时也揭示了金融市场上存在的欺诈、贪婪和不道德行为，激发了观众对于投资和交易的兴趣。

《大创业家》是一部讲麦当劳创业史的电影。影片通过还原麦当劳创始人雷·克罗克的创业历程，展现了他是如何将一个小小的汉堡摊发展成为全球连锁快餐帝国的。观众可以通过他的经历，感受到创业的艰辛、挑战和乐趣，进而产生情感共鸣。对观众来说，这种成功的商业模式和创业故事具有很大的参考价值，能够激发大众的创业热情和灵感。

所以，做财富相关的内容，核心是造梦，抚慰心灵，给予希望。如果你掌握了一些财富获取的方法、渠道，或者知道了一些人们容易掉入的陷阱，也可以告诉大家。

品牌如何做好"财富"营销

对于品牌来说，银行、金融机构做"财富"营销会比较多一些，因为它们售卖的就是金融服务和财富管理。

财富内容要瞄准目标用户

在做财富内容营销的时候，要根据目标用户的需求，进行创意设计。针对高端客户，可以讲一些财富观；针对大众，就创造希望。

面向高端用户

比如说，万事达卡有一些针对高端客户的服务，广告语是"价格无界，生活有界"。嘉实基金的广告语是"智赢未来，富享人生"。

在面向高端客户时，这些广告语简洁易懂。"智赢未来"说的是"我的智慧可以帮你赢得未来"；"富享人生"说的是"我帮你打理你的财富，你可以享受人生"。

面向大众

面向大众的度小满主要提供小额贷款服务，它的广告语有"度小满智慧金融，让生活更美好""度小满轻松借钱花，让财富有温度"，等等。

为什么它主打温暖呢？因为它帮助普通人进行小微型创业，让每个人都有实现自己小小梦想的机会。你想在村口开一个小卖店，但是没有足够的资金，你可以找度小满，实现这个小小的梦想，这样一来你每个月能多挣 3000 块钱，孩子上大学的费用就有了保障，家庭生活也越来越温暖。也就是说，你有小小的梦想，度小满给你小小的满足，你获得一定的财富，在生活当中拥有更多的温暖。本质上还是度小满在给大家希望。

对于做内容的人来说，针对高端用户和大众这两类不同的目标群体，要有所注意和区分，包括在代言人的选择上也是有区别的。

基金的代言人一定要相对偏稳重、偏理性，因为用户要的是确定性。而度小满的代言人可以多一些不确定性，但要充满梦想，多一些感情。

给受众讲一些真正的财富观

其实，我们要研究的核心不是财富，而是财富观，是人们对财富的看法。

不同的人设，不同的情节，隐含的是不同的财富观。你要使你倡导的或者想表达的财富观，和当下民众所认为的财富观契合，这样内容作品才能传播得更广。

如果你做内容是真心想帮助受众，那么你就要在你的梦想里加上一些干货，而不只是在纯粹地打造梦想。

我们有一个理论，叫夹心糖理论。作品应该是一块夹心糖，你可以多放点儿糖，用糖去吸引大家，换取大家的赞美，换取大家的喜爱。但请所有做内容的人、做营销的人要记得，也在糖里夹点儿心，夹点儿你自己真相信的内容。

往深一点儿说，如果只有糖没有心，你做的品牌就没有意义，你做的内容就没有意义，你的工作也就没有意义了。

如果做财富的内容，就可以讲一些真正的财富观，而不是纯梦想的财富观。比如，你可以给大家讲一个财富观念：钱不是省出来的，只有会花钱才能会挣钱。

首先，你得有本钱，但本钱是花出去的，留在手里的不是本钱。比如，你花钱请朋友们吃饭，弥补信息差，你在这个过程中获得了新的信息，知道了一次赚钱机会，那餐费就是你的本钱。

一般来说，大众想的是无本万利、一本万利，不花钱就能得到1万元，或者花1元赚1万元，毛利率都上万倍了，显然这个逻辑在现实生活中是不成立的。因此，我们不要想在短时间内就能得到那么多利润，而要先培养自己的复利意识。什么叫复利？就是一直做一件事，哪怕开始收益很差，只要每次都能稳定增长1%，最后的结果一定会很好。

本章小结：如何用"财富"引爆内容

财富是是一块很甜蜜的糖，充满了诱惑。我们在提供和财富有关的内容或营销方法时，一定要朝着"夹心糖"的结构去设计。如果你的内容让人拥有梦想，让人产生期待，这非常好；但我建议，在里面至少要加一点点真实世界的财富运营逻辑和方法。

如果你的内容只有糖，只卖梦想，就会导致普通消费者更加固化在原地，反而不能促进社会财富的流动，不能促进社会阶层的流动。

后记——如何持续做好内容创意和品牌营销的深度结合

这本书的主题，是内容和营销的结合。

我一直认为，喜欢做内容的人一般是高敏感人群，内心都是真诚、善良的。这些年来，内容从业者的特质基本没有变，但是我们要面对一个重要的基本事实，就是时代发生了质的变化。

这种质的变化，主要体现在三个方面。

第一个是技术手段的变化

传播方式、传播形态、传播渠道都有了重大变化。

第二个是人的变化

新一代消费者走上历史舞台，他们基于温饱的满足，总体人生观、价值观也发生了一些根本性的变化，内容需求和消费需求也随之发生了改变。

第三个是传播文化的路径发生了本质变化

自古以来，文化的传播主要是靠喜欢这个行业的人们的激情、信念和偏好在支撑着。但今天，技术手段催生了更多的传播渠道和传播手段，于是出现了一个历史性的机会，每个人都可以把自己所相信的价值观告诉更多的人。

基于这种现实，内容从业者需要给自己一个灵魂拷问——如果你真的热爱文化，真的热爱内容，为什么不能够下决心跟更多的人对话呢？

有的人会躲在象牙塔里，或是躲在房间里，写一本传世之作，然后告诉自己：当下的人不用知道，后世自有人会知道。学术著作者可以这样做，流芳百世，不求当下；但内容传播者、品牌营销工作者这么做，也许能感动自己，但在我看来，有点自欺欺人的味道。

我们真正应该做的，是从感动自己转为影响世界，全力承担起这个历史阶段赋予我们的历史责任。我们要让更多的人知道我们所相信的价值观，让更多的人买我们的书，看我们的内容作品，购买我们提供的产品和服务。在这个过程中，大众受到了我们态度的正向影响，这才真正体现了我们的责任感和这份工作的意义。

内容营销的未来发展方向

从历史的角度看，我们的文化产业和内容营销都刚刚起步，远没有达到很厉害、很成熟的阶段。任重而道远，这句话一点儿都不夸张。

在未来的一段时间里，想要促进价值观和内容更好地传播，我们要坚定地依托中华优秀传统文化，要努力实现创造性转化、创新性发展。具体路径大致有以下几个方向。

第一个方向是市场化

从业者要认真学习近代以来市场经济的一系列的方法、工具和最重要的思想。

只有实现市场化，我们伟大的思想、文化以及文明才可以蓬勃发展。如果不走市场化之路，内容营销的发展将会如履薄冰。身为内容营销的从业者，我们看到了变化，就要与外界及时分享。只在小范围内传播，是对文化不负责任，也没有尽到该尽的历史责任。

第二个方向是产业化

真正的市场化，只有靠产业化才能实现。

当代社会，文化要走产业化发展道路，所有人都是缺乏经验的，这是需要所有人努力探索的部分。

在此，我呼吁大家，一定要把内容营销产业化，并形成自己的产业规律。这条路是可以探索的，我希望越来越多的人可以探索出来越来越多的新路径。

第三个方向是工程化

无法做到工程化，决策就很难执行，真正落地。

如果要在文化和产业之间架座桥，这座桥就叫工程。工程不是理论研究，而是细致的实践分析，我们要研究这座桥用什么材料，铺水泥还是不铺水泥，用黄沙还是不用黄沙。如果研究得不仔细，这座桥的搭建是无法完成的。

文化行业、内容行业、营销行业已经有很多的方法论，也有很多的工具，但我认为仍然需要进一步工程化。所谓工程化，就是只要按照某种方法，大家都可以拿到相同或至少相近的结果。

在全球范围内，市场化、产业化、工程化已经推行了至少几十年，市场化、产业化、工程化的理论体系和方法体系也已经慢慢建立起来。想做更加符合未来需求的内容营销，就要不断去实践这"三化"。

必须记住的几个关键词

找到了发展方向，那么内容跟营销之间到底靠什么打通呢？毕竟，营销是理性的、偏市场的、偏数字的、偏结果的；内容是感性的、偏文艺的、偏文化的、偏文学的。在这里，我要提几个非常重要的关键词。也许，很多做内容的人、做营销的人并不那么喜欢它们，可它们恰恰是做好内容营销的基础所在。

第一个关键词是底层逻辑

真正的底层逻辑就是公约数。这里的公约数是指，它放在这个内容模块能用，放在那个内容模块也能用。做内容的人，一定要找到公约数 X，再在此基础上做变形，3X、4X、5X 都可以，前面的数字可以变，但 X 一直要有。

如果说，你的公约数无法解释更大范围的现象，那么只能说你找到的公约数是错误的。而且，公约数是要不断探究，不断调整的，需要你持续去找。

第二个关键词是方法论

有了底层逻辑之后，就要基于底层逻辑去总结方法论。总的来说，内容行业、创意行业、营销产业的人，都不是很喜欢总结方法论，大多数人认为"一花一世界"，没必要强调方法论。实际上，我们已经有一些方法论，只不过很难复制而已。

第三个关键词是工具箱

有了方法论，还要有相应的工具箱，告诉你如何实现最终的目标。比如，是从 A 到 B，还是从 A 到 C 再到 B，具体几步才能实现目标，每一步中需要用到什么工具，都要细化。

第四个关键词是流程

有了工具箱以后，我们还需要着手解决一些具体的问题。比如，团队怎么协作，资料怎么搜集。如果可以的话，我建议做 SOP，这样才能进行真正的评估。要不然，有可能第一个内容特别好，第二个内容却不行了，第三个内容又特别好，第四个内容又不知道行还是不行了。有了流程管理，再按照标准去做内容，结果一定不会太差。

沿着刚才说的方向和几个具体的关键词，如果你愿意在这条路上做探索，那么这本书就只是一个开始。即便这本书里讲到了一些方法论，讲到了一些市场化的思路，也讲到了一些产业化的方法，还讲到了工程化的一些具体做法，甚至点到了具体的词汇，我依然认为它只是一个开始，还有很多不同维度的话题可以讨论。

提升在文化产业的竞争力

从文化产业的角度来看，我们从很多维度可以看到，东西方文化各有千秋，要相互理解与学习。

从文化理念的角度来看，中华文明很早就站到了人类文明的制高点，这是事实，我们要有充分的文化自信。

但问题在于，过往的文化产业不大追求市场结果，追求的是文明成果，追求的是质量，追求的是高度。未来的新时代下，我们不能只在文化产业的领域竞争，而要有雄心壮志和西方在文化产业上竞争，我们要把文化的市场化、产业化、工程化，还有方法论、工具箱、流程等发展起来，获得更大的影响力和更广阔的市场空间，才能更加提升文化自信。

内容创作者的修炼

基于时代的变化，文化产业也对内容工作者提出了新的要求。

要想做好内容营销这个行业，首先，你必须问自己是否真的热爱它。虽然我知道只有热爱肯定不够，但是没有热爱就没有后续的一切。

要判断自己是否真的热爱，其实非常容易，就一个标准：你做这件事情时会不会觉得累。但凡有一天，你觉得做一件事很累，那它肯定不是你的热爱所在，我强烈建议你去找自己真正的热爱。一旦真的找到自己的热爱，你不仅不会觉得累，并且一生都会觉得快乐幸福。

对此，我的建议是，大家在小的时候，在年轻的时候，就要想一想自己到底喜欢什么，而且越早想清楚越好，越早定下来越好。然后，一生为此而努力，你的人生才会得到复利。

其次，要具有批判性思维。

身为做内容的人，要想去影响别人，就要先不断问自己，不断面对那些影响自己的人。如果你不具备批判性思维，就意味着所有人都能很容易影响你。可是，做内容行业是要我们影响别人，如果你总是被别人影响，恐怕你的工作做起来就很费力了。

批判不是指带有道德色彩的批判，而是辨别、评估、评价。做内容、做营销的人一定要学习批判性思维，它和数学、语文、英语、化学、物理一样，是一门基础课程。发生一件事情之后，你先要分辨事实和观点，在事实层面与他人达成共识，确认这件事是否属实。然后，彼此尊重对方的观点，你表达你的观点，我表明我的态度。之后，再分析到底哪里不同，究竟是感受、价值观、立场不同，还是目的不同。

再次，从事内容行业的人，要锻炼自己的抗击打能力。

我建议先从生理性的抗击打开始训练，你可以报一个拳击班或散打班去体会真正的对抗，体会一下击打和被击打的感觉。如果一个人的抗击打能力比较弱，被击中的时候很容易头脑发蒙，这就意味着他很可能无法判断当前形势，也就无法做出有效应对。

下一步，要锻炼自己的心理抗击打能力。

比如，我本来要被提拔为总经理，却突然被免职了；我喜欢的那个女生，喜欢上了另一个男生，那个男生还是我的好朋友。这些事情，就像别人打了你一拳，你如果只是痛哭流涕，不知道怎么办，就会愣在那里。你愣的时间越久，各种事情就越是停滞在那里，问题也可能会变得越严重，这对解决问题毫无帮助。

为什么内容营销行业的人要特别训练心理抗击打能力？因为创意行业充满了不确定性，成功的概率很低。你随时可能会被否定，也随时可能遭遇失败，还有很多无法预知的困难和风险。

如果你想做一个优秀的内容营销人员或者创作者，要读万卷书、行万里路，有意识地让自己增加维度。

小的时候，我在上海跟着爷爷奶奶长大。到了初中，爷爷奶奶年纪大了，爸爸妈妈就把我带在身边，我跟着他们走过了很多城市，经历了很多有趣的事儿。

举个例子，在上初中之前，我的活动范围不大，只在两个地方能经常见到一点点泥土，一个是常去的人民公园，另一个是家门口路边的树坑里。为什么说一点点？因为树坑周围全铺着地砖，就中间露着一点儿土。到了其他城市之后，我才知道原来城市里有这么多土。赶上下雨天，还有人踩着土进来，那个时候我才知道了什么叫泥浆。

由于我经常换地方，经常转学，所以我见识到了每个地方不同的风土人情，不同的交往方式。有的地方的人很热情，有的地方的人相对内向。正是这些经历让我慢慢认识这个世界，学习不断切换视角去看人看事。

说到视角，我还有一个特别有意思的经历。

上初中时，我的数学成绩还不错，这基本是我爸的功劳。我爸是一名高级工程师，希望我能子承父业，所以对我的数学成绩比较看重。尽管我跟他解释过，我喜欢文科，老师们也觉得我写作文、做主持等都很不错，可是我爸依然坚持让我每天做数学题。记忆中，我的初高中生活都是在做数学题中度过的。

有一次，不知道我爸从哪里找来了一本特别厚的数学练习册让我做。有些数学题比较难，我只能硬着头皮往下计算，算到某一步时实在算不出来了，怎么办呢？幸亏书的后边有答案，实在做不出的题目我就先看一下答案，然后再反推，看看自己推不下去的那一步和答案能不能汇合到一起，要是汇合到一起就算解出题目了。

有的时候，我爸很惊讶，说："这题不应该这么解呀，你从哪儿学的？"我很骄傲地说自个儿想的。其实，这都是没有办法的办法。这种日积月累的被动训练，让我慢慢学会：遇到问题卡住了，其实不一定要钻牛角尖，可以换个角度，可以两边同时打山洞，总能找到方法。

工作之后，我有了自己的选择，既然知道自己想做的方向，就一直朝着这个方向去努力。比如，我做过新闻和资讯，有财经类的、生活类的、时尚类的、娱乐类的。我还参与过一些大型文化活动，做过文创产业的战略投资。我担任过媒体方向的博士后工作站负责人，专门了解传播理论研究是怎么看世界的。我还申请了三次海外游学机会，去了法国、英国、美国。在法国，我主要学思想史，在文学方面关注个人经验、主观感受，强调作家的内心世界和语言的表达方式，让我学会了洞察；在英国，我学到了关于社会阶层和大众传播的理论体系；在美国，我学的是影视工业化，对流程、结构化、可操作性更加了解和熟悉了。

到今天为止，我依然有意识地训练自己，收集多方信息，站在多元视角思考问题。比如，我经常参加消费品、餐饮、科技、大数据、人工智能等行业的线上线下课程、论坛、交流会等，随时了解和学习最新的理论与实践。

要想有好的内容呈现，就要从不同的视角进行创新。创新，不是发明。发明是从无到有，从来没有人这样做，而你做出来了；创新，大部分情况下是对已知要素的排列组合。比如，最近上映了一部电影，有人说很有新意，仔细拆解一下要素，你就会发现，远中近景、镜头拉开再摇过来，这些要素其实大家都知道，只不过重新排列组合讲了一个新的故事，观众可能就看得热泪盈眶了。做内容也是如此，比拼的就是对已知要素的排列组合。

此外，做出好内容，内容创作者一定要突破自己的安全区。

做内容的人往往有自己的安全区。比如说，有的人只看某一个类型的电影，别的类型不看。实际上，不同类型的电影站在不同的视角表达不同的内容，也展示了不同的世界。你可以看看现实题材的，可以看看新浪潮题材的，还可以看看魔幻现实主义的，有很多不同的类型可以探索。

慢慢地，你就能不断提升自己多维度的能力、多视角的能力，再做内容时就可以轻松找到跟别人不一样的视角。如果别人知道 12 个视角，你知道 25 个视角，那你就赢在了起跑线上。

这些都是基础能力，一定要有意识地训练自己、培养自己，要不然就只能人云亦云，跟随别人去做，而跟随是永远不会赢的。

"有意义，有意思"，这个说法我很喜欢。做内容，做营销，就是要做更多有意义、有意思的事情，让我们自己的人生也更加有意义和有意思。